Gustav Kühne

Gustav Kühne´s gesammelte Schriften

Erster Band. Gedichte.

Gustav Kühne

Gustav Kühne´s gesammelte Schriften
Erster Band. Gedichte.

ISBN/EAN: 9783337336196

Hergestellt in Europa, USA, Kanada, Australien, Japan

Cover: Foto ©Thomas Meinert / pixelio.de

Weitere Bücher finden Sie auf **www.hansebooks.com**

Gedichte

von

Gustav Kühne.

Zum ersten Male gesammelt.

Leipzig,

Ludwig Denicke.

1862.

Inhaltsverzeichniß.

Romanzen und Balladen.

Vaterlandslieder.

Festgedichte.

Reimsprüche.

Religiöses.

Wald-, Feld- und Gartenlieder.

Lieb' und Freundschaft.

Romanzen und Balladen.

Echo und Narcissus.

Liebe trinkt aus heiligen Schaalen,
Liebe speist an ewigen Mahlen,
Unerschöpflich ist ihr Maß.
Aber setz' ihn ab, den Becher,
Werfe fort ihn jeder Zecher,
Der die Rächerin vergaß!
Eure Sehnsucht ist zu nichtig,
Eure Wünsche nie so wichtig
Als was Euch das Leben bringt.
Wollt Ihr Glanz und sichern Frieden,
Wollt Glückseligkeit hienieden: —
Habt es, was sich selbst verschlingt! —

Von Poseidon's Götterarmen
Heiß umfangen, ohn' Erbarmen,
Gab die Nymphe still sich hin.

1 *

Und zu seinen stürmischen Fluthen
Mischt sie sanfte Liebesgluthen,
Und ein Knäblein ist Gewinn.
Doch Poseidon braust von hinnen;
Wie die Wellen flüchtig rinnen,
Also treulos ist sein Sinn.
Nimmer kehrt er, und in Thränen
Sitzt die Nymphe, all ihr Sehnen
Flieht vergeblich zu ihm hin.

Harrend schweift sie rings am Strande
In des Herzens glüh'ndem Brande
Aufgeregt und nicht gestillt.
Er erweckte selbst der Liebe,
Des Verlangens heiße Triebe,
Die ein Götterarm nur füllt.
Treulos bleibt der Gott der Fluthen:
Längst gekühlt sind seine Gluthen
Und er stürmt zu neuer. Lust.
„Muß ich in Verzweiflung enden?
Götter, will denn Niemand wenden
All' den Schmerz von dieser Brust?"

„Schaut, o schaut hier meinen Knaben:
Ach! aus Eures Füllhorns Gaben
Spende jeder seinen Zoll.

Macht ihn reich und schön, unsterblich,
Macht des Vaters Kraft ihm erblich,
Goldgelockt wie nur Apoll.
Daß die Mutter in dem Kinde
Sühnung, Trost und Frieden finde,
Ihre Nacht sein Glanz verscheucht.
Weh! Neptun war stark und dringend,
Meinen scheuen Sinn bezwingend;
Meine Rosen sind gebleicht!"

„„Nun, so soll denn nichts ihm gleichen;
Jeder wird an Glanz ihm weichen,
Sei es Jüngling, sei es Weib!
Seine Stirn mit Anmuth kränzen
Wollen wir und himmlisch glänzen
Soll sein hochverklärter Leib.
Jede Jungfrau wird entbrennen,
Hört sie nur den Namen nennen,
Heiß in tiefster Liebeslust.
Aber nichts kann ihn umstricken,
Nur das Gleiche kann beglücken;
Dessen sei er sich bewußt!"„

„„Er entflammt die Welt zur Liebe,
Aber stillt die eignen Triebe
Nie, bis er sich selbst geseh'n!

Bis dahin sei er unsterblich,
Ewig jugendlich und erblich
Ihm, was sonst ein Gott begehrt!'"''
Also ging von Mund zu Munde
Durch Apollo diese Kunde,
Der die Zukunft dunkel lehrt.

Und Narcissus wächst zum Staunen
Aller Welt; der Mutter Launen
Scheinen gnädig reich erfüllt.
Wo er weilt, auf allen Wegen
Kommt ihm Liebe schnell entgegen,
Ungefordert, ungewillt.
Und im schmachtenden Verlangen,
Seinen Busen zu umfangen,
Quält sich manches gute Herz;
Sei es heimlich, sei es offen:
In dem zweifelvollen Hoffen
Wächst zum Wahn der Liebesschmerz.

Er entflicht voll Hochmuth Allen:
„Phöbus sprach ja: nur gefallen
Dürfe mir, wer selbst mir gleicht!
Nun so sei mir denn erwerblich
Eine Göttin, die unsterblich
Mir den Kranz der Liebe reicht!"

Und er schweift Land aus, Land innen,
Flüchtig wie die Tage rinnen,
Nicht erfreut ihn Spiel und Tanz.
Schmeichelnd kann kein Arm ihn halten;
Aller Schönheit Huldgestalten
Schwinden vor dem eignen Glanz. —

Abend ward's. Des Waldes Schatten
Nahm ihn kühlend auf, den Matten,
Der entfloh der Menschen Spur.
Einsamkeit! in Deiner Stille
Da genießt er sich, in Fülle
Seiner göttlichen Natur.
In die Laute kann er schlagen
Und den freien Lüften klagen
Seine Ungenügsamkeit.
Kann hier weinen ungesehen,
Seinen Durst sich selbst gestehen,
Brennend nach Unsterblichkeit.

„Götter! kann ich mich nicht finden,
O, so laßt mich doch erblinden,
Denn ich sehe Schatten nur.
Sagt, wo werd' ich einst mich schauen?
Bangend schweif' ich durch die Auen,
Nimmer find' ich meine Spur.

Mich nur will ich, mich alleine!" —
Also ruft er: — „Mich alleine?"
Klingt es durch das Thal entlang;
„„Mich alleine, — mich alleine!""
Schallt es flüsternd durch die Haine,
Bis es fernhin still verklang.

Staunend schweigt er, um zu lauschen;
Durch die Büsche hört er's rauschen:
Eine Nymphe tritt vor ihn.
Liebend naht sie voll Verlangen,
Aber Scham durchglüht die Wangen,
Und schon will sie wieder flieh'n.
„Suchst Du mich, mein gutes Mädchen?
Liebe spinnt zu dünne Fädchen;
Wonach, sag', verlanget Dich?" —
„„Dich!"" seufzt jene, „„Dich!"" erröthend.
Scham ist ihren Worten tödtend,
Doch es klang süß inniglich.

Und es war, als ob die Wälder
Scheu und heimlich, Flur und Felder
Wiedertönten ihren Laut.
Und sie schlug die Augen nieder,
Hob sie aber liebend wieder,
Als wenn längst sie ihm vertraut.

„Liebe kann ich Dir nicht reichen,
Müßtest ja mir selber gleichen,
Und Du bist so scheu, so stumm!
Wer im Lieben so bescheiden,
Dem erblühen wenig Freuden"—
Und schon wendet er sich um.

„Mich beseelt der Götter Schimmer,
Lebe wohl! vergiß mich immer" —
Und schon will er eilig geh'n.
„„Nimmer, nimmer!"" ruft sie weinend;
Liebend sich mit ihm vereinend,
Zwingt sie schmeichelnd ihn zu steh'n.
Und sie schließt mit heißen Armen
An ihr Herz ihn, um Erbarmen
Fleht ihr thränenfeuchter Blick.
Ob der Wangen still erblühte
Rose wie die Sonne glühte: —
Dennoch stieß er sie zurück.

„Lebe wohl! ich muß nun eilen.
Könnt' ich lieben, länger weilen
Wollt' ich gern an Deiner Brust.
Laß mich meinem Fluchgeschicke!
Deines Auges wärmste Blicke
Zünden nimmer Liebeslust."

„„Nimmer Liebeslust, ach nimmer!““
So der Jungfrau bang Gewimmer,
Und sie flieht Berg auf, Berg ab.
Nachts und Tags, in tiefen Schlünden
Will allein sie Ruhe finden,
Und sie baut sich still ihr Grab.

Wo des Lebens Lärmgetose
Selten hindringt, sanft im Schooße
Friedlich stiller Einsamkeit;
Wo versteckte Quellen riefeln,
Mit des Ufers hellen Kiefeln
Sich die Welle spielend freut:
Dorten schlummern die Gebeine,
Nur die Stimme wacht alleine
Auf vom Schlummer, rufst Du sie.
Wie die Flamme zehrt an Kerzen,
So verzehrten Gram und Schmerzen
Ihren Leib, die Seele nie!

Lag're Dich an stillen Orten
Unter waldumkränzten Pforten,
Und Du fühlst sie freundlich nah.
Sprich von Deines Herzens Freuden,
Sprich von Gram und dunklen Leiden:
Liebreich tröstend ist sie da,

Möchte gern die Wunden heilen,
Schmerz und Kummer mit Dir theilen
Dir nachrufend, sprichst Du ihn,
Und es wird Dich still versöhnen,
Hörst Du so in sanften Tönen
All Dein Leid fernhin entflieh'n. —

Doch Narcissus schweifet flüchtig —
Erdenfreuden sind ihm nichtig —
Stürmend über Berg und Thal.
Nimmer kann er Ruh' ereilen,
Darf nie rasten, nirgend weilen,
Denn er schafft nur Leid und Qual.
Tief in Thälern, hoch auf Bergen
Muß er heimlich sich verbergen,
Und sein Spiel wird Krieg und Jagd.
Und er tobt durch Wald und Klüfte;
Tödtlich dringt selbst in die Lüfte
Seines Pfeiles blutige Macht.

Sich und dem Geschicke fluchend,
Daß er einsam, ewig suchend,
Trostlos so unsterblich sei:
Kehrt er müd' und matt von Jagen
Einst zurück, und seiner Plagen
Endziel wünscht er laut herbei.

Dicht verschlungen, steil und enge
Wird der Pfad, durch Laubgedränge
Bahnt er trotzig sich den Weg.
Heimlich stiller wird die Gegend:
Lautlos horcht er, scheu sich regend,
Nirgends sieht er Pfad noch Steg.

Eine Göttin muß hier wohnen,
Denkt Narciß, und nimmer lohnen
Wird sie's dem, der hier nicht eilt!
Und er wendet sich von hinnen, —
Plötzlich sieht er silbern rinnen
Eine Quelle, — und er weilt.
Um die Lippe nur zu netzen,
Tritt er, um sich schnell zu setzen,
An des Baches kühlen Rand;
Unbetreten scheint die Stätte,
Unberührt das heilige Bette
Dieses Strom's von Menschenhand.

Auf den grün umwölbten Matten
Ruhen schaurig düstre Schatten;
Nur der Fluß ist sanft und klar.
Auf den ungetrübten Fluthen
Spiegelt er des Himmels Gluthen
Freundlich wieder, treu und wahr.

Hin fühlt sich Narciß gezogen
Zu des Baches blauen Wogen,
Der so hell wie keiner quillt;
An dem moosigen Ufer kniet er,
Blickt hinüber — ha, was sieht er?
Welch' ein göttergleiches Bild!

„Bist Du's, Göttin, heilig-stille,
Die Du in der Schönheit Fülle
Aus den Wellen zu mir blickst?
Wohnst Du in der kühlen Tiefe?
O, daß ich dort mit Dir schliefe, —
Wunderbild, wie Du entzückst!
Stört' ich Dich aus Deinem Schlummer?
Schau' mich an in meinem Kummer;
Steig' heraus und tröste mich. —
Wie Du mit den Augen blinkest! —
Liebst Du mich? — Du lächelst, winkest:
Komm, o komm, ich fasse Dich!"

Und er greift hinein. Zertheilend
Wogt des Baches Spiegel: eilend
Schwand auch schon das theure Bild.
„Weh mir, Götter! kaum gefunden,
Ist es rastlos mir entschwunden!
Wird die Sehnsucht nie gestillt?"

Weinend ſinkt der Jüngling nieder;
Horch! da tönt's am Felſen wieder:
„„Sehnſucht — Sehnſucht — nie gekühlt!"" —
„Mutter", ruft er, „iſt das Liebe?
Sind das nun des Herzens Triebe,
Wird die Gluth ſo tief gefühlt?"

„„Herzenstriebe — tiefgefühlte,
Liebesgluthen — nie gekühlte!""
Alſo tönt's durch Wald und Flur. —
„Ha! wer biſt Du, der verhöhnend,
Meine Worte ſo nachtönend,
Mir gefolgt auf dieſer Spur?" —
„„Herzenstriebe — tiefgefühlte, —
Liebesgluthen — nie gekühlte —
Folgen Dir auf jeder Spur!"" —
„Weh' mir," ruft Narciſſus bebend,
„Sprach der Tod das, oder lebend
Eine Nymphe dieſer Flur!

„O, was weckte Dich vom Schlummer?" —
„„Mich vom Schlummer? — Kummer, Kummer!""
„Nymphe, und Du kenneſt mich?"
„„Kenne Dich, wie Du mich kenneſt!""
„Ob Du Dich gar Echo nenneſt?" —
„„Echo!"" tönt es weinerlich. —

„Weh, die Nymphe, die mich liebte,
Und an der ich Frevel übte,
Denn ich stieß sie kalt zurück.
Und nun fühl' ich gleiche Qualen,
Trinke voll aus gleichen Schaalen;
Todestrank wär' süßes Glück!

„Hier, hier liegt es in der Welle.
Ha! der Bach ist spiegelhelle —
Und Du nah'st mir, heilig Bild!
O, ich möchte mit ihm rechten,
Daß es so mit Zaubermächten
Himmlisch süß die Seele füllt.
Horch, o horch! die Lippe regt sich —
Still, o still! die Fluth bewegt sich:
Daß es nur nicht wieder sinkt!
Werd' ich, ach! Dich je umarmen?
Zarte Gottheit, hab' Erbarmen,
Daß mein Leid Dein Herz durchdringt!

„Streckst auch Du nach mir die Hände?
O, so nimm mich denn und wende
Liebesschmerz in Liebeslust!"
Und sich selber so umschlingend,
Nach der eignen Schönheit ringend,
Sinkt er an die eigne Brust.

„Echo, lebe wohl!" und nieder
Taucht er in die Fluth und wieder
Tönet rings ein Klagelaut. —
Findet er sich in den Fluthen?
Ach, er kühlt die Liebesgluthen:
Kühler Tod ist seine Braut.

„„Lebe wohl!"" rief Echo weinend,
„„Lebe wohl!""— Wie gern verneinend
Nähme sie zurück den Laut!
Doch sie kann nur wiederholen;
Einsam trauernd und verstohlen,
Wird ihr Schmerz von selbst nie laut.
Lebend so in Wiedertönen,
Kann sie trösten und versöhnen
Und erstirbt im Wiederhall.
Doch an jenes Baches Wellen
Sah man stolze Blumen schwellen,
Zeugen von des Jünglings Fall.*)

---

*) So erzählt Ovid den fabelhaften Ursprung der Narcissen.

Der verliebte Königssohn.

Der alte König war wunderreich,
Es that ihm je kein Zauberer gleich.
Er trägt am Finger Salomo's Ring,
Damit beherrscht er alle Ding'.
Er wandelt Eisen in leuchtend Gold,
Die Geister der Tiefe sind ihm hold.
Er hemmt den Strom in seinem Lauf,
Er hält den Vogel im Fluge auf.
Er läßt die Sonne stille steh'n,
Besiehlt den Winden in ihrem Weh'n.
Ihm wird auf ein Wort von seinem Mund
Das Geheimniß aller Wesen kund.
Und doch kann er nicht den kranken Sohn,
Der Erb' ihm ist für Reich und Thron,
Den lieb einzigen Sohn kann er nicht gesunden,
Hat für sein Weh kein Kraut gefunden.
Und böt' er all seine Schätze im Reich,
Dem Königssohn bleibt die Wange bleich;

2

Er heilt ihm nicht sein wundes Herz,
Weiß keinen Rath für Liebesschmerz.

„Herr Vater, Ihr seid so hochgelehrt,
Ihr kennet den Himmel, Ihr kennet die Erd';
Doch wär' Eure Macht auch noch so groß,
Mein Leid ist tiefer als Meeresschooß!"

„„Mein Sohn, mir ist alle Macht gegeben,
Beherrsche den Tod, beherrsche das Leben;
Sag' an, wie räch' ich Dich an der Maid,
Die Dir anthat solch Weh und Leid?""

„Herr Vater, Herr Vater, wie mir geschicht,
Wißt Ihr in Eurer Weisheit nicht.
Und wollt Ihr die Liebste zur Strafe richten,
Ihr würdet mich nur mit vernichten!
Versagte Lieb' ist doch noch süß,
Man sinnt und träumt vom Paradies!"

„„O Sohn, mein Sohn, an diesem Weib
Versiecht Dein Herz, Dein Sinn, Dein Leib.
Vergeude doch nicht Dein Königsleben,
Die Maid ist nicht bürtig uns und eben!""

Der König sprach es; Tags und Nachts
Sann er auf Rache und vollbracht's.

Ich will den Zauberbann schon lösen
Und weiß, dann wird mein Knab' genesen!
Ich treffe die Buhle tief in's Herz,
Dann wird er heil vom Liebesschmerz.
Was ist's an ihr, das ihn verwund't?
Ist es ihr rosenrother Mund?
Ihr Lilienarm, ihr Rabenhaar?
Ich mach' sie all der Schönheit baar!
Auf daß der Zauberbann sich bricht,
Lösch' ich ihr aus der Augen Licht,
Ihr Lächeln jage fort der Wind,
Der flüchtig liebt und treulos minnt,
Im Frühling mit den Blüthen kos't,
Im Herbst als Sturm im Laube tos't.
Und zu bestrafen ihren Stolz:
So werd' ihr Busen starr wie Holz.
Erbleichen soll ihr rother Mund,
Ihr Fuß soll wurzeln fest im Grund.
Ihr Arm soll sich zum Himmel strecken,
Doch niemand mehr in Liebe necken.
Hebt sie ihr Auge bis zum Thron,
So sei ihr dies als Straf' und Lohn, —
Ein warnend Beispiel jeder Maid,
Die meinem Knaben schafft Herzeleid.
Zur Warnung Jeder, die also handelt,
Sei sie in einen Baum verwandelt!

Der König murmelt's in seinen Bart
Und hält den Schwur nach seiner Art.
Denn wie das Mägdlein schreitet zum Wald,
Laut singend, daß rings das Echo schallt,
Erstirbt ihr plötzlich der Stimme Ton,
Das Echo närrt sie wie zum Hohn.
Und wie die Maid, zum Tod erschreckt,
Die Arme auf zu den Lüften streckt,
Da bleiben die Glieder starr gebannt,
Das Haar wird Laub, ein Zweig die Hand.
Die Füße fest im Boden steh'n,
Sie kann fürbaß nicht weiter geh'n;
Verwandelt ist ihre ganze Gestalt:
Ein Lindenbaum im tiefen Wald.

O Lindenbaum voll süßem Duft!
Der Königsknabe seufzend ruft.
Es lockt ihn ach! mit Zaubergewalt
Der Baum, als wär's der Liebsten Gestalt.
Er weint und lacht, er lauscht, als hätt' er
Ihre Stimme gehört im Säuseln der Blätter,
Jedes Blüthenauge ruft ihm zurück
Der Liebsten zärtlich neckenden Blick.
Die Blätterkrone dünkt ihm ihr Haupt,
Deß Anblick man ihm bös geraubt,
Und schüttelt die Linde ihre Glieder,
Meint er, ihr Lockenhaar fiel' hernieder.

Er fühlt den Athemzug, die Luft
Der Liebsten im süßen Blüthenduft.
Er neidet die Sonne, er neidet den Mond,
Deß Schimmer auf ihrem Antlitz thront,
Er eifert gegen den West, den Ost,
Der rauschend mit ihrem Laube kos't.
Er neidet der Vögel muntern Schwarm,
Der in ihr nistet sonder Harm;
Voll Liebessehnsucht hält er Wacht
Am Fuß der Linde Tag und Nacht.

O weiser Herr König, Du alter Mann,
Was hast Du mit Deinem Sohn gethan!
Schau hin, Herr König, eil' her geschwind,
Sieh unter der Linde Dein Königskind!
Hast ihm die Liebste als Baum entrückt;
Nun liegt er im Grase vor Liebe verzückt!

„Mein Sohn, mein Sohn, was ist Dir gescheh'n!
Und muß ich mit eignen Augen es seh'n!
Abgöttisch vernarret in einen Baum!
Steh' auf und erwache vom eitlen Traum.
Steh' auf, eh' einer vom Hofe Dich sieht;
Ein Königssohn närrisch, ein Prinz von Geblüt!"

„„Herr König, mein Vater, so weisheitsvoll,
Und bin ich denn thöricht, so seid Ihr toll.

Ihr habt mir die Liebste verzaubert, gebannt;
Ach daß Ihr doch besser die Liebe erkannt!
Ihr treibt mir die Liebe nicht aus der Brust,
Selbst Liebesharm ist süße Lust.
Im Blüthenglanz des Lindenbaums
Athm' ich den Duft des Liebestraums.
Ihre Stimme hör' ich im lispelnden Wald,
Im Baume seh' ich der Liebsten Gestalt.
Und was da schallt im Vögelchor,
Wie Echo der Liebsten kömmt es mir vor.
Selbst was da murmeln die Quelle, der Bach,
Ruft mir die Sprache der Liebsten wach.
So voll der Lieb' ist die ganze Welt,
Daß Keiner sie fest im Banne hält.
Und banntest Du sie in ein Felsgestein,
Herr Vater, der Liebsten süßes Gebein,
Ihres Halses Adern, blau und schön,
Auch im Marmor würd' ich sie wiedersehn.
Und banntest Du sie in Himmelsferne,
Mein Aug' säh' sie in jedem Sterne;
Im Sonnen- und im Mondenlicht
Säh' ich der Liebsten leuchtend Gesicht,
Unter allen Lichtern am Himmelshaus
Fänd' ich mir doch ihr Bild heraus.
Und banntest Du sie über'n Ocean,
Die Liebe fände auch dort die Bahn,

Und stürztest Du sie in's Meer hernieder,
Ich fänd' sie dort als Perle wieder.
Mit aller Macht König Salomo's
Wird ach! ein Herz seine Liebe nicht los.
Ueber Liebe, Herr Vater, hast keine Gewalt,
Ich liebe die Liebste in jeder Gestalt.""

Drauf der König greift in seinen Busen tief,
Wo Jugendlieb' ihm lang' entschlief.
Er wandelt den Baum in die Mädchengestalt
Und führt sie als Braut aus dem dunkeln Wald;
Er nimmt sie mit in sein Königshaus
Und feiert alsbald den Hochzeitschmaus.
Und sieh, er freut sich nun selbst der Maid
Die er vom starren Bann befreit.
Er thut zusammen Tochter und Sohn
Und giebt der treuen Liebe den Lohn.
Ueber solch eine Liebe — so denkt er froh —
Ist machtlos selbst König Salomo. —

Die Sage vom tollen Waldmüller.

Du stehst am jähen Gipfel
Und starrst hinab in's Thal;
Es beben so schaurig die Wipfel,
Dein Herz bebt schaurig zumal.

Was zieht Dich hin zur Mühle,
Dort hin zum grausen Schlund,
Dort in der Fluthen Gewühle,
Des Todes off'nen Mund!

Faßt Dich ein geheimes Gelüste,
Dein Leben zu enden dort?
Von allen, wo ich wüßte,
Hier wär' der seligste Ort.

Des Lebens Qualen und Leiden,
Die wären auf einmal aus;
Dich würden Kön'ge beneiden
Dort unten im kühlen Haus. —

Vor vielen Tagen und Jahren
Da wohnt' ein Müller dort,
Der fand aus des Lebens Gefahren
Den einzig sichern Port.

Ihn hatten die Menschen vertrieben
Mit Geißel, Hohn und Spott;
Ein Töchterlein war ihm geblieben,
Sein Kindlein und sein Gott.

Doch war zerrüttet sein Herze,
Und tiefer Schwermuth voll,
Den Thörichten dient er zum Scherze,
Die Klugen hießen ihn toll.

Und einsam im öden Geklüfte,
Da barg er sich ängstlich und scheu;
Es blieben die Sterne, die Lüfte,
Ihm blieb die Tochter nur treu.

Und als er neigte zum Sterben
Das lebensmüde Haupt,
Da graut's ihm, den Himmel zu erben,
Des lieben Kindes beraubt.

„Und sollt' ich hienieden lassen
Mein trautes Töchterlein?
Allein im Tod' erblassen,
Und einsam drüben sein?"

„„Mein Vater, einsam drüben?
Du einsam? — nimmer, o nein!
Ich schwör's bei unserm Lieben,
Wir müssen beisammen sein!

„„O bleib' noch länger hienieden,
Mein trautes Väterlein,
Sonst laß mich mit zum Frieden
In Deinen Himmel ein.""

„Ich fühle Todeswehen,
Ich witt're Grabesluft.
Lieb Tochter, um mich ist's geschehen,
Du — kannst nicht mit in die Gruft!"—

Er stand am jähen Gipfel,
Er schaute hinab in's Thal;
Wehmüthig bebten die Wipfel,
Sein Herze auch zumal.

Er starrte hinab zur Mühle,
Hinein in den finstern Schlund,
Er sah in der Fluthen Gewühle
Des Todes sichern Mund.

Er hielt so fest in den Armen
Sein trautes Töchterlein:
„O Himmel, fühl' Erbarmen,
Muß denn geschieden sein?

Und wolltest Du mit mir wallen,
Hinüber in jenes Land?" —
„„Mein Vater, nach Deinem Gefallen!
Hier nimm zum Bunde die Hand."" —

Er schaute hinauf in die Lüfte,
Die Augen wurden ihm feucht;
Nochmals hinab in die Grüfte:
Da wird ihm wohl und leicht.

„So fahr' denn hinunter zum Sterben,
Tief in die sichre Gruft,
So wollen wir Beid' erwerben
Die selige Himmelsluft!"

Er stand am jähen Gipfel, —
Er schleudert hinab sein Kind;
Es rauschen so schaurig die Wipfel,
Umtosen ihn Sturm und Wind.

Nun setzt er sich stille nieder:
Zum Sterben, wie er meint;
„Nun find' ich sie drüben wieder,
Dort mit ihr ewig vereint." — —

Die Winde stürmen und wehen
Vom Früh- bis Abendroth;
Die Nächte, sie kommen und gehen,
Doch bringt ihm keine den Tod.

Er schließt die Augenlider,
Er will den Tag nicht schaun;
Der Tag kömmt immer doch wieder
Und bringt das alte Graun.

Er harr't und harr't vergebens,
So oft sich das Jahr erneut;
Die Spanne des armen Lebens,
Sie dehnt sich himmelweit.

Sie sagen, er harr't noch immer
Dort oben am Felsgeklipp;
Da hört man ein banges Gewimmer,
Da schillert ein graues Geripp.

Dort wo die Pappelweide
Der Abendwind durchweht,
Noch immer in Gram und Leide
Der alte Müller steht.

Und streckt gen Himmel die Hände,
Erfleht sich Schlummer und Tod;
Doch Götter nur schicken das Ende,
Sie schicken Freud' und Noth.

Zu früh zum Tode gewendet,
O Alter! Du warst so geschwind,
Zu früh voraus gesendet
Dein einzig liebes Kind! —

Und wären Qualen und Schmerzen,
Euer einzig Töchterlein,
Ach, stoßt sie nimmer vom Herzen;
Es könnte zu früh auch sein.

———

Die Rache im Walde.

„Und wendest Du Dich ab von mir:
O sei barmherzig für und für!
Und schließest Du mir zu Dein Herz:
So sei's in Ehren, sei's mit Schmerz!
Ich ruf' Dir weinend zu: Ade!
Du, treulos, lachst zu meinem Weh?
Daß Gott in seiner Gnaden Güte
Dein leichtbeschwingtes Herz behüte!"

Er spricht's und wendet sich zum Gehen.
Er sieht sie noch im Söller stehen.
Sie neigt sich einem Buhlen zu;
Da gönnt es ihm nicht länger Ruh.

Er ließ sein Erbe, ließ sein Roß,
Gab einem Vetter all den Troß,
Zog einwärts tief in dunkeln Wald
Und ward ein Klausner alsobald.

Die Vögel singen, die Blumen blühn;
Er fühlt's durch seine Seele ziehn.
Verschollen aus der Menschen Mitte,
Siedelt er still in seiner Hütte.
Die Rache läßt er „Dem da oben";
Der Herr wird seine Demuth loben!

Da einst zur heißen Mittagsstund'
Ein flüchtig Pärlein vor ihm stund.
Ein Ritter ist's mit seiner Schönen.
Sie wollen sich mit Gott versöhnen,
Sie flohn der Menschen bunten Schwarm
Und treten vor ihn Arm in Arm;
Er soll besiegeln ihren Bund,
Ihn heilig sprechen soll sein Mund.

Tief in der Brust fühlt er's sich regen,
Doch giebt er ihnen seinen Segen;
Ihn rührt nicht mehr der Erde Schmerz,
Begraben hat er lang sein Herz.
Doch wie auf ihr sein Auge ruht,
Entsinkt ihr all der freie Muth,
Und wie sein zitternd Wort erschallt,
Tönt's ihr wie Echo in dem Wald,
Ein Echo aus der Zeiten Grab,
Wo sie sich ihm zu eigen gab

Und treulos mit dem Schwur im Mund
Im Herzen brach den Liebesbund.

Sie starrt ihn an; er lächelt still
Und flüstert leis: Ist es Dein Will'?
Der Ritter spricht sein Ja zur Braut,
Doch ihr erstirbt im Mund der Laut.
Er fragt noch einmal. Wie sie schweigt,
Der Wald die hohen Wipfel neigt,
Doch nicht um für sie Ja zu sagen;
Es flüstert nur wie leises Klagen,
Es dehnt sich aufwärts, dehnt sich nieder,
Die Eichen schütteln ihre Glieder.
Und als zum dritten Mal er spricht, —
Wie Wetterleuchten zum Gericht
Durchzuckt es hell die Waldeskronen:
„Mag uns der Herr im Zorn verschonen!"
Da sinkt sie still und bleich zurück;
Sein Auge sucht ihr letzter Blick.
Der Ritter klagt und jammert laut;
Der Mönch hält todt im Arm die Braut.

Ritter und Mönch.

Die Schlacht war heiß geschlagen;
Der Ritter, an Wunden schwer,
Ward in sein Zelt getragen;
Man rief den Priester her.

Wie Der sein Ohr ihm neigte,
Es war zur letzten Stund',
Da drang die grause Beichte
Aus des sterbenden Ritters Mund:

„Ich hab' meinen Bruder erschlagen!" —
„„Um Gott, nein, nein, er lebt;
Du darfst keine Lüge sagen,
Wenn Dich der Tod umschwebt!"" —

„Und ist er nicht gestorben,
So lebt er unbekannt,
Durch mich verloren, verdorben,
Verschollen im fremden Land!" —

3

„"Er lebt in Deiner Nähe,
Verzeiht was Du gethan;
Sobald ich ihn erspähe,
Soll er Deinem Lager näh'n!""—

„Er war ein jungfrischer Knabe
Und liebt' ein Mägdlein traut;
Ich griff nach seiner Habe,
Ich freite seine Braut.

„Der Ohm, der uns erzogen
Auf seinem Schloß am Rhein,
Er war nur mir gewogen,
Ich sollte sein Erbe sein.

„Wer sanft und schwach, der taugt nicht
Zum stolzen Rittersmann, —
So sprach der Ohm, — der braucht nicht
Zu führen den Heeresbann!

„Du kannst das Roß mir zügeln,
Du bist der Mann der Faust,
Jagdkönig in Wäldern und Hügeln,
Der sich mit Bären gezaust!

„Das Erbe noch einmal theilen,
Schien ihm nicht wohl gethan;
Der Bruder ward ohne Weilen
Geopfert dem frommen Wahn.

„Er war der Zweitgeborne,
Er ward der Kirche geweiht,
Und ich, der Auserkor'ne,
Bracht' ihm dies bittre Leid.

„Er schwieg und ging und zerweinte
Im Kloster sein junges Herz.
Der Vater - Ohm, der meinte: —
Der Himmel versüßt ihm den Schmerz!

„Doch plötzlich war er verschollen,
Weit fort nach Jerusalem: —
So mag die Kirche ihm zollen
Ihr bestes Diadem! —

„Mir aber im Stillen graute,
Mir starb mein Weib, seine Braut;
Daß sie ihn geliebt, vertraute
Mir erst ihr letzter Laut.

3*

„Mir wollte das Aug' sich umnachten,
Ich fand nicht Rast noch Ruh,
Ich zog in hundert Schlachten;
Nun winkt der Tod mir zu.

„Könnt' ich noch einmal schauen
In sein lieb Angesicht,
In die Augen, die treuen, die blauen,
Dann ging' ich gern in's Gericht,

„Dem Herrn mein Leid zu klagen,
Zu bitten um strengen Spruch:
Ich hab' meinen Bruder erschlagen,
Mich trifft der Kainsfluch!" —

Und wie der Ritter sich windet
Und mit dem Tode ringt:
Das treue Aug' ihn findet,
Ein Arm ihn leis' umschlingt.

Er sieht eine Thräne leuchten
Still in des Mönches Blick,
Die blauen Augen, die feuchten,
Rufen ihm den Todten zurück.

Der Bruder, der todtgeglaubte,
Kam heim aus fernem Land;
Der Hab- und Liebe-beraubte,
Er drückt ihm treu die Hand.

Er hatte still ausgerungen
An Christi heiligem Grab,
Sich und die Welt bezwungen
Am frommen Pilgerstab.

Die Heimath, die ihn betrübte,
Noch einmal zu seh'n unerkannt,
Das ward sein letztes Gelübde;
So lebt' er still im Land.

Auf allen seinen Wegen,
Wo nur sein Fußtritt weilt,
Spendet er Himmelssegen,
Hat tausend Wunden geheilt.

Der Kuß, den er jetzt auf die Wangen
Des sterbenden Bruders drückt,
Der Trost, der jetzt den Bangen
In letzter Stund' erquickt,

Die Thräne, die auf den Todten
Aus seinem Auge rinnt, —
Von den Thaten des Gottesboten
Die allerbesten sind.

Er pflanzt zwei Lilienstängel
Auf seines Bruders Gruft,
Und harr't, bis auch ihn der Engel
In's ewige Jenseit ruft.

Die Nonne von Santa Maria.

Sie galt für eine heilig Reine
In all der frommen Schwestern Schaar;
So sanft und still wie sie war Keine,
Wie Mondenlicht ihr Antlitz klar.

Es schien, sie hatte ausgerungen
Des Lebens Unbill und Verlust,
Von ihrem Heiland ganz durchdrungen
Und der Erlösung tief bewußt.

Sie war die Erste in der Mette,
Die Letzte spät nach Mitternacht;
Als ob sie noch zu büßen hätte,
Hat sie die Fasten durchgewacht,

Als trüg' sie noch in ihrem Herzen
Der Sünde übervolles Maß,
Sie, die von allen Erdenschmerzen,
Von allem Leid der Welt genas.

Sie predigten an allen Orten
Und priesen laut von Land zu Land,
Wie Vielen Heilung schon geworden
Vom Wunder ihrer weißen Hand.

Wer krank, sie macht ihn still genesen,
Sühnt jeden Fluch des Mißgeschicks,
Und wer verzagt, braucht nur zu lesen
Im Zauber ihres heil'gen Blicks.

Und dennoch hat sie bange Stunden!
War sie nicht, wie sie schien, so rein?
Hat sie im Kloster nicht verwunden,
Was ihr die Welt einst konnte sein? —

Der sie geliebt, starb in der Ferne,
Nach wilder Schlacht in Feindes Land,
Ihn jagten seine irren Sterne,
Wo er sein Grab, sich fluchend, fand.

Sie konnte nicht die Liebe theilen,
Womit er frevelnd sie begehrt;
Da trieb es fort ihn sonder Weilen
In Kampf und Tod mit Roß und Schwert.

Sie war die Erste nicht der Bräute,
Die seine heiße Gier erfaßt;
Morgen verließ er, was er heute
Treulos geküßt in jäher Hast.

Sie war erschrocken vor den Gluthen,
Womit er sie geliebt so wild: —
Auf ihrer Seele kühlen Fluthen
Schwimmt aber doch sein glühend Bild.

Still Nachts, wenn Alles tief in Schlummer,
Tritt leis' und doch mit Allgewalt
Dicht an ihr Bett voll Gram und Kummer
Des Todten blutige Gestalt.

„Was kann aus Deiner Gruft Dich wecken?
Hat selbst der Tod noch nicht gestillt
Dein heiß Begehren, Mann der Schrecken?
Was will Dein schmerzgefurchtes Bild?"

So ruft sie laut. Er aber schüttelt
Sein stummes Haupt und schwindet drauf;
Doch kommt er allzeit wieder, rüttelt
Sie jede Nacht vom Schlummer auf.

Sie weiht und sühnt das ganze Kloster,
Sie ruht nicht in der heil'gen Pflicht,
Läßt beten tausend Paternoster:
Doch bannt sie seinen Schatten nicht.

Und tritt er nächtlich vor ihr Bette,
Sie spricht nicht frei sich von der Schuld:
„Ach daß ich ihn gerettet hätte
Durch treuer Pflege stille Huld!

„Nur Liebe kann Dämonen zügeln,
Nur Liebe spricht die Liebe los,
Selbst Höllenpforten überflügeln
Kann Liebe, ist sie kühn und groß.

„Ich hätte doch in treuen Banden
Vielleicht sein wildes Herz gesühnt
Und, wenn sich unsre Seelen fanden,
Den Himmel ihm und mir verdient.

„Wer siegen will, der muß auch wagen;
Im Kloster ist der Sieg nichts werth.
Im Leben selber muß man tragen,
Was uns der Herr als Kreuz bescheert!"

Kein Priester hörte je die Beichte,
Kein Priester hätte sie verziehn;
Doch wem der Herr die Palme reichte,
Wird jenseits wohl als Engel knie'n.

Und wie sie ihre letzte Stunde
Still und geräuschlos fühlte nah'n,
Da ging die bange Trauerkunde
Bis zu Sanct Petrus' Vatican.

Von Rom mit großem Prachtgeleite
Empfängt im hohen Klostersaal
Die reinste aller Himmelsbräute
Festlich geschmückt der Cardinal.

Sie sind nicht unbekannt geblieben,
Die guten Werke ihrer Hand;
Das letzte Wunder von den sieben
Hat Papst Gregorius anerkannt.

„Wie, Cardinal? mich heilig sprechen?
Im Kloster stirbt die Sünde nicht!
Und wenn jetzt meine Augen brechen,
Der Herr geht mit mir in's Gericht!“

„„„Sanct Petrus weiß um Deine Thaten,
Der heil'ge Vater kennt Dein Herz!""" —
Sie lächelt still: „Seid schlecht berathen,
Ihr kennt nicht eines Weibes Schmerz.

„Laßt mich den Todten erst versöhnen,
Dann bin ich rein und sündenlos,
Dann könnt Ihr mich als Heil'ge krönen,
Dann zieh' ich ein in Gottes Schooß!" —

„„„Sanct Petrus sprach: Geh' hin, ich sende
Der frommen Schwester ihren Lohn!"""
Doch wie der Priester hebt die Hände,
Da steht sie schon vor Gottes Thron,

Und ruft im Chor der Engelsboten:
„Herr, ich bin schuldlos nicht und rein;
Erst gieb mir wieder meinen Todten,
Mit ihm nur kann ich selig sein!"

————

Die Legende von der reichen Wittwe.

Wie einst an Nikodemos' Seite,
Wenn Nachts die stille Stunde schlug, —
Die Sterne gaben das Geleite,
Wenn ihn der Weg zum Meister trug:

So wenn der Tag sich senkt zur Neige,
Sitzt Er bei ihr im Kämmerlein
Und lauscht, ob sich ihr Herz wohl neige:
Wird sie bald reif zur Wahrheit sein?

Sanct Petrus, der so leicht verzagte,
Bejammert ihren spröden Sinn;
Sanct Thomas, den der Zweifel plagte,
Verzichtet längst auf den Gewinn.

Doch Christus spricht, der hohe Meister:
Gar mancher nennt mich Herr und Hirt,
Und geht nicht ein in's Reich der Geister;
Wer weiß, wie bald sie unser wird! —

Man kennt nicht mehr des Weibes Namen,
Die reiche Wittib hieß sie nur;
Doch Alle die da gingen, kamen:
Sie priesen ihres Wandels Spur.

Der Herr klopft gern an ihre Pforte,
Sie nimmt ihn freundlich auf als Gast;
Sie ruft ihn auch, denn seine Worte
Sind Oel für Sorge, Angst und Hast.

Noch glaubt sie nicht an seine Wunder,
Noch kennt sie nicht sein Himmelreich: —
Doch fiel nicht schon in Herzenszunder
Der Wahrheit Licht dem Blitze gleich?

Sie wirkt und schafft nach Leibes Mächten,
Es wächst an Segen Feld und Haus;
Wer will mit ihrem Reichthum rechten,
Theilt sie ihn doch den Armen aus!

Er spricht von ihrer Seele Hütern,
Von unf'res Geistes Ewigkeit,
Er spricht von seines Vaters Gütern
Im Lande Jenseits fern und weit.

Er predigt wie mit Engelszungen,
Ihr wird das Herz so weich, so warm;
Die Nacht sinkt tiefer, — liebdurchdrungen
Erfaßt sie plötzlich seinen Arm.

Doch lauscht sie nicht mehr seinen Worten,
Sie horcht auf einen schwachen Laut,
Der an des Hofs verschlossnen Pforten
Von fern sich ihrem Ohr vertraut.

Verschämte Arme sind's, die nächtlich
Sich bei ihr holen Brot und Wein,
Und wen sie einläßt still bedächtlich,
Soll vor der Welt Geheimniß sein.

Noch spricht er von des Himmels Pforte,
Da klopft es lauter an dem Thor:
„Halt, ruft sie, Meister, spar' die Worte,
Mein Tagwerk laß mich thun zuvor!"

So drängt sie ihn. Er geht von hinnen,
Kehrt nochmals um, belauscht ihr Thun;
Da fühlt er seine Thränen rinnen,
Doch läßt es ihn nicht länger ruh'n. —

Des andern Tags Sanct Petrus fragte:
„Herr, hat sie endlich sich bekehrt?" —
„„Schon längst!"" der weise Meister sagte,
„„Doch hat sie selbst es sich gelehrt.

„„Gar Viele meinen Namen nennen,
Die doch nicht meinen Willen thun.
Sie wird sich nicht zu uns bekennen,
Und doch im Schooße Gottes ruh'n!"" —

Die Erschaffung des ersten Westfalen.

Als der Herr Christus, Gutes zu stiften,
Mit Petrus durchwandelte Feld und Triften,
Geschah es unversehens einmalen
Daß er gelangt in's Land Westfalen.
Ein schönes Stückchen Erde, traun!
Voll dunkler Wälder, üpp'ger Au'n,
Und von den Bergen spiegelhell
Geschwätzig rieselt da mancher Quell,
Befruchtend die Erde, daß wachse am Baume
Der kräftige Apfel, die saftige Pflaume.
Doch tiefe Stille herrscht rings umher:
Das Land war noch von Menschen leer.
Sanct Petrus schmunzelt wunniglich
Und denkt: „Das wär' so'n Ländchen für mich;
Doch nimmer wird's so gut mir werden,
Denn unser Reich ist nicht auf Erden!"
Nach diesem leisen Seufzerlein
Beginnt er laut zum Heiland sein:

4

„O Herr, wie will es denn sich schicken,
Daß rings kein Mensch hier zu erblicken,
Warum im Land, von Gott erwählt,
Just noch der Schöpfung Krone fehlt?
Hier müßt' ein Fräu- und- Männelein
So recht nach Gottes Spruch gedeihn;
Beleben würde sich die Oede
Mit holdem Sang, mit lieblicher Rede!"
Darauf Herr Christus entgegnet lind:
„O Du kurzsichtig Menschenkind,
Wär', wie Du denkst, hier der Leute Art,
Gott hätt' sich nicht die Müh' gespart;
Doch den Erzen gleich, die verborgen liegen,
So wär' ihr Sinn auch nimmer zu biegen,
Denn Jeder dächte ganz allein
Des eignen Glückes Schmied zu sein,
Und hämmert' drauf los wohl Tag und Nacht;
An Sang, an Zwiesprach würde nicht gedacht!"
Der Petrus wollt' das nimmer glauben,
Fuhr fort sich Zweifel zu erlauben;
Da, daß er endlich schwiege still,
Ward ihm der Herr zuletzt zu Will,
Beugt sich zum Boden sanft herab,
Berührt ihn mit dem Wanderstab
Und spricht zum Kloß von rother Erde
Mit mildem Ton sein schaffend: „Werde!"

Und sieh, gesprochen war es kaum:
Stand da ein Mann wie'n Eichenbaum.
Drauf, daß sich Petrus baß erschreckte,
Er die gewalt'gen Glieder reckte
Und schreit erbost zum Heiland: „I!
Wat will de Keerl, wat stött he mih?" —
Seitdem, wer aus dem Stamm entsprossen,
Hämmert sein Glück sich unverdrossen,
Und ich fürwahr es Niemand rath',
Solch einen zu kränken in Wort und That;
Denn ungestraft rührt Keiner an
Den strammen Westfalen, den Eisenmann!

Dreierlei Liebe.

Es ritten Husaren, es waren ihrer Drei,
Sie ritten zum Tode, 's war ihnen einerlei.
Sie ließen daheim im Lande zurück,
Was Jeder so nannte sein bestes Glück,
Sein Hab und sein Gut und sein Liebchen dazu;
Es rief sie der König, 's ließ ihnen keine Ruh.

„Was Jeder von uns daheime läßt,
Er nennt es sein Höchstes, sein Schönstes, sein Best'.
Leb wohl, leb wohl, Du allerliebste Maid;
Das Vaterland will es, es gehet zum Streit.
Und sterb' ich und kehre nie wieder zurück,
So hast Du gelobt: Du kennest kein Glück,
Hast nie nach einem Andern geschaut,
Bist mir bis über das Grab getraut.
Leb wohl, treu Liebchen, ade, ade,
Daß ich Dich drüben nur wiederseh'!"

Der Eine spricht es. Der Zweite lacht:
„Ein Thor, wer gleich an's Sterben gedacht!

Ich habe mein Liebchen geherzt und geküßt,
Doch hat sie mir nie was geloben gemüßt.
Wir waren jung Blut, wir hatten uns lieb,
's kam über uns wie in der Nacht der Dieb.
Und bin ich Soldat nun und zieh' in's Feld,
Weiß nicht wie bald mir 'ne Andre gefällt.
Und will sie nicht warten, so mag sie frei'n,
Wenn einer zum Kind der Vater will sein.
Die Trompete klingt, trara, trara!
Hei huffah, lustig, die Feinde sind da!"

    Der Dritte seufzt mitten im Donner der Schlacht
„Sie hat mich verschmäht, sie hat mich veracht't.
So komm denn, Tod! sie hat kein Gefühl!"
So stürzt er sich wild in's Kampfgewühl.

    Doch wie die Sonne nach blutiger Nacht
Das Feld bescheint, da hält die Wacht
Der Dritte nur; die andern Zwei,
Sie liegen todt vor ihm, getroffen vom Blei.
„Ich hätte statt Euer sterben gesollt,
Da mir allein das Leben grollt!
Mit Euch hat die Liebst' es gut gemeint;
Um mich daheim kein Auge weint!"

    Doch wie er nach des Krieges End'
Heimwärts zum Dorf sein Rößlein wend't,
Da hört er gar manches von Weibertreu,
Die noch viel schneller zu Ende sei.

Dem Ersten hatte sich die Braut
Bis über Tod und Grab getraut;
Doch fand sie bald einen andern Mann,
Der sie im Kummer trösten kann.
Die Zweite — wie nun Reiche sind! —
Fand einen Vater für ihr Kind.
Der Dritte, den der Schlachtengott
Bewahrt vor Unfall und vor Tod,
Er steht verwaist, er blickt so drein,
Als sollt' es sein Allerletztes sein.

Da schlingt sich leis' um ihn ein Arm
Und drückt ihn an sich liebewarm.
„Ich schmähte Dich, Du warst so jung,
Doch Du bist tapfer, brav genung;
Jetzt biet' ich Dir so Haus wie Hand,
Wenn sich Dein Herz nicht von mir wandt'.
Wohl Manche giebt sich rascher hin;
Doch ist sie drum auch treu an Sinn?
Ich harrte all die langen Jahr',
Ob mir's auch weh im Herzen war.
Er kommt wohl wieder, ist er brav:
So dacht' ich still, und sieh, es traf!
Nun prüf' Du selber, komm und schau,
Haus, Hof und Heerde, — mich auch genau!"

Da weint der Bursch, da lacht er laut,
Daß ihm ein Herz so lang getraut;

Er glaubt an Gottes heilige Macht,
Die ihm das all zu Weg' gebracht.
Ein Vivat geht durch's ganze Land,
Kein besser Paar hat man gekannt.
Und wie der fünfte Junge kam,
Der König Pathenstell' annahm.
Es wächst das Glück bei Tag und Nacht,
Treu' Lieb hat alles brav gemacht.

Jung Reinhard.

I.

Der König stand auf seines Schlosses Zinnen
Und schaute tief betrübt in's weite Land.
Da sah man Ströme Blut's von neuem rinnen,
Auf Fürst und Volk liegt schwer des Schicksals Hand.

Der Lindwurm naht. Man muß ihn reich bewirthen
Mit Mann und Maus, mit Gaben allerhand;
Er schlägt die Heerden sonst mit sammt den Hirten
Und nimmt sich tausendfältig Unterpfand.

„Die Mannen alle, die ich ausgerüstet,
Sie liegen todt dahingestreckt im Sand,
Das halbe Reich, es liegt mir arg verwüstet,
Kein Kämpe fürder leistet Widerstand!"

Es gilt auf's neu, zum Kampfe anzuregen,
Eh' sich das Ungeheuer wüthend rächt.
Der König ruft zusammen seine Degen;
Sein Wort gilt Allen, Rittersmann und Knecht.

„Das Höchste, spricht er, biet' ich Dem zum Lohne,
Der Volk und Land vom Drachen mir befreit;
Die Stufen bau' ich ihm zu meinem Throne
Und ihm gelob' ich meine süße Maid.

„Sie harret sein im stillen Rosengarten,
Von Eisengittern klösterlich umringt.
Dort soll sie jungfräulich des Helden warten,
Deß starke Hand das Ungethüm bezwingt.

„Und sollt' ich sie auf ew'ge Zeit begraben,
Und bliebe unberührt ihr holder Leib:
Er nur soll Theil an meiner Krone haben,
Der Drachentödter nur gewinnt dies Weib!"

II.

Die Magen alle hören's
Die Ritter alle schwören's:
Liegt doch dahin gestrecket
Zu Hoffnungen erwecket
und senken Schwert und Speer,
es kämpfet niemand mehr.
so mancher tapfre Mann,
sich Keiner loben kann.

Jung Reinhard steht am Garten
„Süß Lieb, willst Du mein warten?
Ich will den Lindwurm schlagen,
Beschämen all die Magen
und hört die schlimme Mähr.
ich' thu Dir an die Ehr',
— bleib Du nur hold und traut! —
und führen Dich heim als Braut!"

„„Ach, Knab', viel süßer Knabe,
Ich weint' an Deinem Grabe
Sie werden. spottend lachen,
Zu wüthend ist der Drachen,
bleib Du nur fern vom Strauß!
mir beide Aeuglein aus.
vermißt sich deß ein Zwerg;
und Du kein Ritter Jörg!""

Er schwört's am Eisengitter,   er schwört es himmelan:
„Das sind mir schlechte Ritter,   die sich deß nicht versah'n.
Die Lieb' ist klug und mächtig,   die Lieb' stählt Muth und Arm,
Sei Du nur fein bedächtig   und halte das Nest mir warm!"

III.

Und Jung Reinhard kühn verwegen
Greift zur Lanze, greift zum Degen,
Schwingt sich keck auf's höchste Roß,
Reitet wild hinaus zum Streite,
Niemand giebt ihm das Geleite,
Ohne Knappen, ohne Troß.

Armer Knab', Du bist verloren,
Du verdienst Dir nicht die Sporen! —
Doch die treue Liebe wacht.
„Sanct Georg, Du Gottesstreiter,
Sei Du uns des Glücks Bereiter!"
Ruft die Maid so Tag und Nacht.

Und der Knabe selbst, der kecke,
Thut als wie ein großer Recke,
Reizt zum Kampf das Ungethüm.
Aber hoch bäumt sich der Drachen,
Oeffnet jach den Höllenrachen,
Ihn zu fah'n mit Ungestüm.

Knabe ruft: „Ihr Himmelsschaaren,
Mögt Ihr gnädig mich bewahren,
Hilf mir, bester Sanct Georg!
Leih' mir — daß sich Gott erbarme!—
Leih' mir Deine mächt'gen Arme,
Mancher lebt ja nur auf Borg!"

Und wie ihn das Ungeheuer
Reuen läßt das Abenteuer,
Zu verschlingen Roß und Mann,
Stellt sich ihm Sanct Jörg zur Seiten,
Um den Kampf zu End' zu streiten
Für Jung Reinhard lobesan.

Greift nach Reinhards Schild und Speere,
Setzt dem Drachen sich zur Wehre,
Ficht für hunderttausend Mann,
Trifft mit seinen guten Streichen,
Trifft dem Drachen in die Weichen,
Daß der kaum noch japsen kann.

„Sanct Georg, Dir ist's gelungen,
Hast den Drachen mir bezwungen!"
Ruft Jung Reinhard wohlgemuth,
„Willst Du all mein junges Leben;
Was ich hab', sei Dir gegeben,
Ehr' und Preis kommt Dir zugut."

„„Nimm nur wieder Deine Waffen,
Wollte Dir den Sieg verschaffen,““
Spricht darauf der heil'ge Mann.
„„Steig' nur wieder auf zu Rosse,
Ruf' und sag's dem ganzen Trosse,
Habest selbst die That gethan.““ —

„Doch wie soll ich Dir's erwiedern?
Preis' ich Dich in tausend Liedern?
Ehr' und Lob und Ruhm sind Dein!" —
„„Magst Dich drum nicht sehr bemühen,
Hab' Dir meinen Arm g e l i e h e n,
Und Du wirst mein Schuldner sein.

„„Laß Dich das nicht weiter rühren,
Will schon meinen Dank cassiren,
Stell' mich mit dem Mahnbrief ein.
Zieh' Du nur zur Königsveste;
In der Zahl der Hochzeitsgäste
Will auch ich geladen sein!"““

IV.

Und in des Königs Landen
Jung Reinhard hat bestanden
Der Lindwurm ist erlegen,
Man giebt dem tapfern Degen
geht um die große Mähr:
den Heldenkampf, so schwer!
befreit sind Land und Leut,
ein festliches Geleit.

Ein Jauchzen und ein Rufen
Und an des Thrones Stufen
Befreit von allen Nöthen —
Mit bräutlichem Erröthen

begrüßt den Helden laut,
steht hold beschämt die Braut.
Jung Reinhard hat's gethan! —
ersehnt sie sich den Mann.

In ihrem Rosengarten
Sie konnt' es kaum erwarten,
Sie hat ihn selbst erkoren,
Der König hat's geschworen,

vom Bann ist sie befreit,
die minnigliche Maid.
den Buhlen lieb und fein;
der Held darf um sie frei'n.

Jung Reinhard kommt geritten.
Wer so wie Du gestritten,
Verwundert steh'n die Magen,
Kein Ritter thät's mehr wagen,

Der König ruft: „Mein Sohn!
hat Theil an meinem Thron!"
die sich deß nicht versahn;
ein Bub' hat es gethan.

Der Bub' kann sich's nicht bergen;
Er denkt an Ritter Jörgen,
Hoch jubeln Land und Leute,
Zum frohen Hochgezeite

er blinzt und lächelt drein,
er muß sein Schuldner sein.
wie man wohl selten pflag,
rückt an der Freudentag.

„Ich lad' Sanct Jörg vor Allen!
Er laß es sich gefallen
Mit Pauken und Trompeten
Die Geigen und die Flöten,

Er that ja doch das Best'!
an meinem Hochzeitfest!" —
erschallt der Becher Klang,
die locken so süß und bang.

Bang sehnt er sich nach der Trauten
Und nach dem Lärm, dem lauten,
Doch wie der Schwarm zu Raste, —
Da stellt — daß Gott! — zu Gaste

sie schlüpfte zum Kämmerlein schon,
harrt sein der Minne Lohn.
Jung Reinhard ist allein, —
sich Ritter Sanct Jörg noch ein.

„Ihr kommt gar spät zum Feste!"
„„Doch wählt' ich mir das Beste,""
„„Du bist mir noch was schuldig,
Auch heut laß mich geduldig

Jung Reinhard so begann. —
entgegnet der fromme Mann.
das fällt Dir doch wohl ein!
Dein Stellvertreter sein.""—

„O heil'ger Jörg, ruft Reinhard, war das also gemeint?
Die Liebste, die jetzt mein harrt, sich schier vor Gram zerweint!
Den Lindwurm zu bekriegen, seid Ihr der Mann gar sehr,
Mein Bräutlein zu besiegen, deß brauch' ich Keinen mehr."—

Wie Sanct Georg die Stirne runzelt, der Bube weicht und wanket nicht.
Da lächelt Jörg und nickt und „„Ich seh', er hält auf Ehr' und
        schmunzelt: Pflicht.""
Und Niemand wird Jung Reinhard wo er sich selber helfen kann.
        tadeln,
Man sollte schier Jedweden adeln, der hier es fühlt: Selbst ist der
        Mann!

Vaterlandslieder.

Germania.

Lied der deutschen Studenten aus „Kaiser Friedrich in Prag".*)

~~~~~~~

O ich betrübter Freiersmann,
Ich such' nach meiner Braut,
Die ich doch nirgend finden kann,
Ist sie mir schon getraut.
Du bist nicht fern, Du bist nicht nah,
Wo find' ich Dich, Germania?

                    Germania!

Du bist nicht schön, Du bist nicht jung,
Und doch lieb' ich Dich sehr.
Daß ich Dich lieb', ist mir genung,
Und das betrübt mich schwer.
Ich ruf' nach Dir, Du alte Braut,
Ich ruf' Dich still, ich ruf' Dich laut:

                    Germania!

---

*) In Musik gesetzt von Heinrich Marschner, Wilhelm Speidel u. A. — Marschners Composition kam auf die Bühne bei der Aufführung des Drama's in Leipzig, Mannheim, Hannover und Magdeburg.

5

Ich suchte Dich am Donaustrand,
Und auch beim Vater Rhein,
Ich suchte Dich im Böhmerland,
An Elbe, Weser, Main.
All überall Germania,
Und doch nicht hier, und doch nicht da:

       Germania!

Ach, bist Du schon verwelkt, derweil
Mein Herz noch glüht und blüht?
O komm doch endlich alleweil,
Bevor die Jugend flieht.
Jungfrau, Jungfrau Germania,
Annoch sind Deine Freier da!

       Germania!

Beim Schein der Julisonne von 1830.

Wir sah'n es, wie die Feuersäule brannte,
Die Luft erbebte: war's ein Memnonston?
Doch wie die Welt vom Schlaf geschreckt sich wandte,
Erloschen und verklungen war es schon.

Jungfrau Europa lüftete den Schleier,
Die alte gute Siebenschläferin.
Es klang in ihrem Ohr wie Brautnachtsfeier,
Des fernen Völkermorgens Erstgewinn.

Sie hob ihr Aug' und schüttelte die Glieder,
Sie guckte wie ein Hühnchen aus dem Ei;
Sie blendete des Phönix Glanzgefieder,
Der kecke Hahn mit seinem frühen Schrei.

O Julilicht mit deinem Schaugepränge,
O eitler Phönix, der sich selbst begräbt!
Selbst deine Asche scharrt man still und enge
In's Gotteshäuschen, wo sie nichts belebt.

5*

Und Deutschland, du, mit deinen Flammentrieben?
Daß nur dein Wetterstrahl nicht jenem gleicht,
Den, schnell gefacht, die Winde schnell zerstieben,
Ein jach Erröthen, das die Reue bleicht!

Du hast schon oft gejubelt, oft getrauert:
Halt deine Gluthen für dich selbst bereit!
Dein altes Herz hat vieles überdauert:
Schür' deine Flammen für die Ewigkeit!

———

Rheinweinlied.

Versunken nennt ihr, versunken
Der Nibelungen Hort?
Auf ewig für uns ertrunken
In Rheinland's tiefstem Port?

Der Schiffer zieht traurig vorüber,
Er denkt, es war ein Traum.
Der Taucher wird noch trüber,
Fand nichts in Grundes Raum.

Wir Zecher nur, wir Zecher,
Wir fanden den Zauberplatz,
Uns leuchtet er im Becher,
Der alte Mährchenschatz.

Er liegt nicht mehr im Grunde
Des alten Vater Rhein's,
Er funkelt an unserem Munde
Im Becher alten Wein's.

Es schluckten ihn die Berge
In ihren tiefsten Schooß,
Die Kobold' und die Zwerge
Sie ließen ihn nicht mehr los.

Die Nixen und die Najaden,
Die jammerten drob gar sehr;
Sie hätten zu unserem Schaden
Ihn gern geschleppt in's Meer.

Und aus der Berge Adern
Saugt ihn die Rebe ein;
Da hilft kein Streit, kein Hadern:
Wir heben den Schatz im Wein.

Daher sein Funkeln und Sprühen,
Daher seines Feuers Macht,
Seines Goldes Glanz und Glühen
Tief aus des Berges Schacht.

Wir heben ihn aus der Tiefe,
Wir schlürfen sein feurig Naß;
Der Geist, der ewig noch schliefe,
Wir zapfen ihn frisch vom Faß.

Ein auferstandener, geht er
In unsern Köpfen um.
Mit Flammenschwertern steht er,
Schirmt Deutschlands Heiligthum.

Wer je den Wein getrunken,
Der schwört auf unser Wort:
Verloren nicht, noch versunken
Ist uns der alte Hort.

Im Glauben an deutsche Treue
Hält er seine Wanderung,
Sein Feuergeist auf's neue
Wird ewig in uns jung.

Und halten wir fest zusammen
Und geh'n treu Hand in Hand,
Dann schlagen seine Flammen
Von neuem in's Vaterland.

Cölner Dombaulieder.*)

Der Bau des Doms zu Cöln.
Legende vom Jahre 1250.

Der Bischof sprach zum Meister:
　„Entwirf mir einen Plan
Zu einem Kreuzgewölbe
　Mit Pfeilern himmelan,

Zum Dom der alle Dome
　Im Weltkreis überragt,
Wie ihn auf Engelsflügeln
　Kaum der Gedanke wagt.

Auf! baue mir die Thürme
　Und Hallen hoch und weit;
Der Tempel sei das Herze
　Der deutschen Christenheit!"

---

*) Wurden zur Zeit der Censur beanstandet und erschienen anonym post festum in Druck (Leipzig, O. Wigand) nicht zeitig genug mehr, um beim Fest der neuen Grundsteinlegung in Cöln gesungen zu werden.

Der Bischof sprach's zum Meister.
   Der Meister seufzt und bebt;
Er senkt das Haupt, derweil sich
   Sein Busen zitternd hebt.

Er geht und sinnt und wandelt
   Wohl Tag' und Nächte lang,
Sein Kopf wird immer schwerer,
   Sein Herz wird todeskrank.

Und wie er sitzt und kritzelt
   Mit seinem Stab im Sand, —
's war keine Wünschelruthe,
   Die ihm den Zauber fand!

Doch wie er sitzt und zirkelt,
   Da fügt sich's hoch und schlank
Mit Mauern und mit Thürmen, —
   s' ist fertig, Gott sei Dank!

Da plötzlich wie aus Nebel
   Steht hinter ihm ein Phantom
Und flüstert höhnisch lachend:
   „Ist das dein neuer Dom?

„Das ist der Dom zu Speier,
   Der Welt schon längst bekannt,
Du nachgeborner Spätling,
   Du armer, schwacher Fant!"

Der Meister schreckt zusammen,
  Er hat nichts Neues erdacht!
Das schlägt mit Blitzesflammen
  Durch seine schwüle Nacht.

Er löscht im Sand die Spuren,
  Nimmt andre Linien an,
Er zirkelt neue Figuren,
  Macht einen neuen Plan.

Da wieder ihm zu Häupten
  Ertönt's mit hellem Hohn:
„Das ist der Straßburger Münster,
  Ohnmächt'ger Erdensohn!"

Der Meister stampft den Boden,
  Er ringt die Hände wund:
„„Hat mich mein Gott verlassen
  In dieser bangen Stund'?""

„„„Die Welt ist voller Wunder,
  Voll Tempel die Christenheit,
Noch einen zu erfinden,
  Ist frevle Vermessenheit.""""

Der Schmerz reißt ihn zu Boden,
  Er zittert, er weint und stöhnt.
Da faßt ihn der graue Pilger;
  Er war's, der ihn verhöhnt.

„Laß ab von blinder Verzweiflung!
  Auf! raffe dich empor.
Ich zieh' dir neue Linien;
  Blick' hin, Du blöder Thor!

„Zieh diese kühnen Winkel,
  Leg' keck die Streben an,
So wird's ein Dom der Dome,
  Wie ihn kein Mensch ersann."

Der Graue lächelt dem Meister
  In's starre Angesicht.
Der Meister faltet die Hände
  Und jubelt laut und spricht:

„„Mann Gottes, du hast's gefunden,
  Reich mir zum Dom den Plan!""
Der Graue schmunzelt und flüstert:
  „Das, Freund, ist leicht gethan.

„Komm wieder zur Mitternachtstunde
    Und bring' ein Blatt Papier.
Ich geb' dir meine Gedanken,
    Du — deine Seele mir!

„Sie schelten mich immer den Bösen!
    Ich helf' doch aus der Noth,
Muß von Verzweiflung erlösen,
    Vertröst' mich auf den Tod.

„Denn freilich will ich auch leben;
    Solch armer Menschengeist
Kann wenig Freude geben,
    Und ist — wie bald! — verspeist!"—

„„Laß du den Bau mich gründen
    In dieser Erdenzeit;
Du sollst mich jenseits finden
    Mit Seel' und Seligkeit.

„„Laß mich den Dom erbauen,
    Gieb mir den Riß zur Hand,
Laß Schwarz auf Weiß mich schauen,
    Wie es dein Kopf erfand!""

„Ich will Dich gut bedienen,
　　Komm nur auf mein Geheiß.
Ich geb' dir schwarze Linien,
　　Du giebst mir Roth auf Weiß!"

Der Meister winkt mit dem Kopfe
　　Und hebt zum Kreuz die Hand,
Als schon mit flatterndem Schopfe
　　Der graue Mann verschwand.

Der Meister kniet und betet
　　Bis tief in die Nacht hinein;
Wird er zur dunklen Stunde
　　Dem Bösen gewachsen sein?

Und wie sie schlägt, die Stunde,
　　Da harrt er schon zur Stell'.
„„Wo bist du, Freimaurers Bruder:
　　Wo bist du, mein grauer Gesell?""

Der steht ihm schon zur Seite,
　　Und reicht ihm das Papier.
Der Meister denkt: meine Seele,
　　Die wahr' ich für und für.

Zu meines Gottes Ehre
    Will ich den Dom erbau'n.
Doch du, du armer Teufel,
    Wer heißt dich Menschen trau'n!

„Ich will dir Höheres geben!"
    So ruft der Meister schlau.
„„Ein heilig Crucifixe
    Für deinen Riß zum Bau!""

Er streckt ihm rasch entgegen
    Das Kreuz mit dem Gottessohn:
„„Da lerne List von Menschen,
    Und stirb an Spott und Hohn!""

Der Graue bebt zusammen,
    Der Scheitel wird ihm kahl,
Selbst seine Zornesflammen
    Sind kalt und leichenfahl.

„So sei von mir verfluchet
    Fortan von dieser Stund'!
Dein Name sei verschwunden
    Von diesem Erdenrund.

„Dein Tempel, unvollendet
    Soll er in Trümmern steh'n.
Du, Menschheit, sollst ihn ewig
    Nur als Ruine seh'n." —

Wer kennt des Meisters Namen?
        Er schwand vom Erdenrund.
Der heil'ge Dom ist Stückwerk
        Noch bis zur heut'gen Stund'.

II.

Cölner Gassenhauer.
1840.

Die heiligen drei Könige,
        Die liegen im deutschen Rom,
Sie schlafen so fest wie Wenige
        Im alten Cölner Dom.

Ein frommer deutscher Königsmann,
        Der steht und pocht an's Thor:
„Auf! helfe mir, wer helfen kann!
        Ihr Schläfer, kommt hervor!

„Ihr alten Mauern, werdet jung!
        Ihr Wangen, röthet Euch!
Ich habe Geld, das ist genung,
        Und's halbe deutsche Reich!" —

Der Krahn, der knarrt so bleiernschwer,
  Wie einer sich reckt und dehnt;
Die heiligen Drei, die schnarchen sehr,
  Sie haben laut gegähnt.

Ja, schreie nur, guter Königsmann,
  's sind ihrer Drei, die ruh'n!
Ob Einer wohl besser schreien kann,
  Als Dreie schnarchen thun?

Die heiligen drei Könige,
  Die schlafen im sichern Schrein.
Alt Deutschland schläft wie Wenige,
  Es schläft so fest wie Stein.

Es ist so oft schon angeführt
  Vom falschen Morgenschrei;
Der Krahn ist lange nicht geschmiert,
  Drum liegt er schwer wie Blei.

III.

Lied des Teufels.

Da kommen sie hergezogen
  Und reden vom freien Rhein.
Sie haben sich's vorgelogen,
  Sie müssen's der Welt vorschrei'n.

Die Schwaben, die reden so täppig,
    Die Preußen voll Hochmuth sehr,
Die Sachsen, die leiern schleppig,
    Die Baiern klotzig schwer.

Sie stopfen sich vor dem Sturme
    Das halb schon taube Ohr,
Und bauen am Babelthurme,
    Und Alles bleibt wie zuvor.

IV.

Lied des Trostes.

Wer ist heut der Teufel,
    Der das Werk uns stört?
Teufel ist der Zweifel, .
    Der uns All' bethört!

Zweifel an der Klarheit
    Hellem Sonnenlicht,
Zweifel an der Wahrheit
    Die in's Leben bricht.

Mag der Teufel holen,
    Wer dem Zweifel traut!
Baue unverholen,
    Wer auf Deutschland baut!

6

Laßt Paris sich schanzen
Hinter Thurm und Wall;
Jericho muß tanzen
Bei Posaunenschall!

Baut ein Haus dem Glauben
An die eigne Kraft,
Und kein Gott kann rauben,
Was ein Volk sich schafft.

V.

Bei der neuen Grundsteinlegung.
1842.

(Mit Orgelbegleitung.)

Noch einmal laßt uns himmelan
Im heiligen Vereine!
Titanensturm hat's nicht gethan,
Wir fügen Stein zum Steine.

Legt erst die Eintracht festen Grund
Zu unsres Tempels Mauern,
Dann wird ein deutscher Brüderbund
Die Zeiten überdauern.

Und ruh'n die Pfeiler fest und schwer,
   — Wir sind erst beim Beginnen —
Dann steht die Freiheit hoch und hehr
   Auch einst auf Deutschland's Zinnen.

VI.

Lied beim Bauen.

(Mit Orgelbegleitung.)

Ein Volk will beten. Bau't ihm weite Hallen,
   Es hat viel Schmerz.
Wie Donner Gottes soll es wiederhallen,
   Spricht laut sein Herz.

Bau't das Gewölbe nicht zu eng nach oben;
   Sonst bricht der Schall,
Und sprengt die Decke unter lautem Toben
   Im Wiederhall!

Gebt frei das Volk! Und wär's ein heil'ger Zwinger,
   Ihr zwingt es nicht!
Ist es ein Leu: Ihr seid kein Leu'nbezwinger;
   Die Kette bricht!

VII.

Bauspruch.

(Mit Hörnerbegleitung.)

Hoch sei der Bau!
Die Hoffnung geht nach oben.
Lang sei der Bau!
So lang wie deutsche Treu.
Breit sei der Bau!
Umfassend wie die Liebe.
So bauen wir mit Herz und Hand,
So bauen wir das Vaterland!

VIII.

Gesang des versammelten Volkes.

Nicht blos Hallen, nicht blos Thürme
Bau'n wir jetzo Hand in Hand.
Laßt uns gegen Wetters Stürme
Auferbau'n das Vaterland!

Volk, sei mächtig, und du schüttelst
Von den Schultern deine Noth!
Volk, sei mächtig, und du rüttelst
Geister wach aus Schlaf und Tod!

Tief bewußt ob seiner Sünden,
    Deutschland weiß, wie schwer es litt.
Nicht der Mörtel kann's verbinden,
    Deutsche Eintracht sei der Kitt.

Frankreich weiß nicht was wir träumen,
    Seht, es bietet Hohn und Spott;
Aber dort in jenen Räumen
    Wohnt uns noch der alte Gott.

Stein zu Stein, so Volk zu Volke,
    Seine Halle jeder Gau,
Hebe bis zur Donnerwolke
    Sich der heilig feste Bau,

Rede mit dem Gott der Götter,
    Deutschland werde auf Ihn bau'n,
Und im dunklen Sturm und Wetter
    Auf Sein Königswort vertrau'n!

IX.
Lied zu der ersten deutschen Messe.
(Im vollendeten Dome.)

Das Volk.

Zum Vater, Sohn und heil'gen Geist,
    So beten wir zur Stund'.
Ohn' alle Drei sind wir verwaist
    Auf weitem Erdenrund.

Der Vater sei das Vaterland,
    Das deutsche Volk der Sohn,
Dann bringt der Geist Euch Hand in Hand,
    Der Eintracht süßen Lohn!

Der Separatist.

Ich bete nicht im lauten Dom,
    Ich geh' in's Kämmerlein,
Da öffnet leis' und heimlich sich
    Des Herzens stiller Schrein.

Das Volk.

So bete du nur wo und wie!
    Hier steht in hellem Hauf
Ein ganzes Volk und senkt das Knie
    Und blicket himmelauf.

Wer sachte sich bei Seite stiehlt,
    Denkt nicht an's Vaterland.
Wer heilig für die Brüder fühlt,
    Geht mit uns Hand in Hand.

Der hält zu uns in jeder Noth,
    Trotzt allem Hohn und Spott,
Der geht mit uns in Kampf und Tod,
    Hat mit uns Einen Gott.

Sei Protestant, kathol'scher Christ:
   Spricht ehrlich deutsch dein Herz,
Und wenn du auch ein Jude bist,
   Es treibt dich himmelwärts.

Der deutsche Gott, er sei dein Hort,
   So hat es keine Noth.
Er hält sein ehrlich deutsches Wort,
   Hilft uns in Kampf und Tod!

———

Wo ist dein Schwert, Germania?

Du gehst zur Kirche, gehst zur Schule,
Du wirfst die Spindel, drehst die Spuhle:
Wo ist dein Schwert, Germania?
Du strittst so blutig für die Bibel,
Willst du noch fechten für die Fibel?
Ficht für dich selbst, die Zeit ist da.

Höhnt dich in West und Süd der Wälsche,
Daß er dir nicht dein Recht verfälsche:
Wo ist dein Schwert, Germania?
Hat es der Rheinstrom tief verschlungen
Wie einst den Hort der Nibelungen,
So steig hinunter, such' es da!

Was auch daheim bei dir gesündigt:
Wenn dir der Hahn das Heil verkündigt,
So greif zum Schwert, Germania!

Es stutzt der Feind, find't er dich wachend,
Er neckt dich nur, versucht es lachend,
Er denkt, es ist kein Dalberg da.

Vom Pulver, das wir selbst erfunden,
Mag er den bessern Brauch erkunden,
Der Hahn ist wach und allzeit nah.
Er thut, als ob wir es nicht wüßten,
Wie mächtig er in Ränk' und Listen:
Sei auf der Hut, Germania!

Und hat er bessere Kanonen, —
Mag es der Hölle Fürst ihm lohnen! —
Dann, Turner, flink, hei, seid ihr da
Der Pommer sprach: So sluhscht es besser!
Ei, greift nur flott zum kurzen Messer,
Im Sturmschritt drauf, und rückt ihm nah!

Der Vater Arndt hat es gesprochen,*)
Der wahrlich Pulver einst gerochen,
Er stand dem Vater Blücher nah.
Und seh'n wir neu die Feuer lodern,
Dann woll'n wir unsre Grenzen fodern,
Dann, Landsturm, bist du wieder da.

---

*) Just am 29. Januar 1860 waren diese Verse geschrieben und lagen zur Absendung an Arndt bereit, als die Nachricht seines Todes kam.

Und zieh'n wir aus mit unſern Fürſten,
Die in der Noth nach Freiheit dürſten:
Auch dann hab' Acht, Germania!
Wie oft ſchon, Volk, biſt du verrathen,
Man ließ mitrathen und mitthaten
Dich nur aus Noth: die Noth iſt da!

Und wird uns endlich Sieg beſchieden,
Auch, Brüder, dann traut nicht dem Frieden,
Bleib' auf der Hut, Germania!
Iſt dir im Feld der Feind erlegen,
Denk' nicht daheim an ſtillen Segen:
Die Hydra wacht ſo fern wie nah!

Hat draußen Sturm ſich ausgewüthet,
Dann lauſcht fein ſtill, ſeid wach und hütet
Das Haus daheim: der Feind iſt da!
Die Welt iſt allwärts voller Tücken,
Bleib nüchtern, laß dich nicht berücken:
Trau, ſchau, und wem, Germania!

Wenn Feuer von den Bergen brennen,
Dann möchte Jeder ſich bekennen
Zu dir, zu dir, Germania.
Doch nicht erſt wenn die Flammen lodern,
Sollſt du und darfſt dein Recht dir fodern,
Nicht erſt, wenn's heißt: der Feind iſt da!

Dreifaltig Banner, du mußt wehen
Allzeit, sonst ist's um dich geschehen,
Sonst trage Schwarz, Germania.
Gold ist dein Glanz, Roth Blut und Liebe;
Daß beides bis zum Tod uns bliebe.
Sagt uns dein Schwarz, — ja, wir sind da!

Gar Mancher spricht von Volkbeglücken,
Und möchte doch uns sein bestricken
Zu Haß und Zwietracht hier und da.
Das Herz des Volks will nur das Eine:
Frisch, frei, fromm, fröhlich im Vereine,
Hoch Volk und Land Germania!

Du Land der Adler, Land der Leuen,
Dein Bruderzwist wird dich gereuen:
Wo ist dein Schwert? Der Feind ist da!
Und hast du keinen Alexander,
Hau selbst den Knoten auseinander,
Der dich verstrickt, Germania!

Festgedichte.

Trinksprüche zu Leipziger Schillerfesten.

I.
1841.

Dem freien Geist gebührt ein freier Leib! —
Dich mein' ich, vaterländisch deutsche Erde,
Die Du noch harr'st auf ein allmächtig Werde,
Dich, vielgegliedert, vielzerrissen Land!
O würde doch Dein deutscher Bund ein Band,
Das nicht die Zungen, nur die Herzen bindet,
Damit sich frei das Glied zum Gliede findet.
Seid, Deutsche, einig, und Ihr seid 'ne Welt,
An der der Irrthum, Lug und Trug zerschellt.
Dann seid Ihr fest in allen Ungewittern;
An Eurer Treue wird der Neid zersplittern.
Es lebe hoch, wer seine deutschen Brüder liebt,
Die Eintracht hoch, die uns ein freies Deutschland giebt!

II.

1842.

Laßt einen Dom uns bauen,
Nicht den zu Cöln am Rhein:
In allen deutschen Gauen
Soll er ein Denkmal sein.

Den Grundstein legt der Glaube
An unsres Willens Kraft.
Die Mauern nur steh'n sicher,
Die sich ein Volk erschafft.

Jedweder Stamm des Volkes
Baut seinen Pfeiler aus,
Dann ruht auf festen Stützen
Das heil'ge Gotteshaus.

Der Mörtel, der es bindet,
Was wir ihm anvertrau'n,
Der Mörtel sei die Liebe,
Wenn wir den Altar bau'n.

Und wo die Mutter Gottes
Sonst pflegt im Schrein zu steh'n,
Da laßt vor Aller Augen
Uns Schillers Büste seh'n.

In diesen Dom komm' beten,
Weß Geistes Kind Du bist.
Gott steht bei seinem Volke,
So es in Nöthen ist.

Wenn wir — so spricht die Hoffnung—
An's Werk mit Eintracht geh'n,
Wird auch dereinst die Freiheit
Von Dentschland's Zinnen weh'n.

Der Dom der deutschen Freiheit —
Der Dom sei unsre Welt,
Er hebe hoch die Mauern
Bis in des Himmels Zelt!

Prolog zu Wilhelm Tell.

(Zum Leipziger Schillerfeste 1854 auf der Bühne gesprochen v. Wilhelm Gerstel.)

~~~~~~~

Ihr seid versammelt hier zum Fest des Dichters,
Der seinem Volk den dunklen Pfad erhellt.
O eine Feuermuse, die zu früh
Gen Himmel stieg, die Säule in der Wüste:
So steht Er vor uns, Dichter und Prophet,
In seines Geistes leuchtender Vollendung.
Vorwissend seines Volkes Freiheitsziel,
Vorahnend dessen Auferstehungstag:
Sang er sein Schwanenlied vom Schweizer Tell.

Ihr nennt die Dichtung nur ein Ideal?
Propheten wissen was die Zukunft birgt,
Ermessen an der Quelle schon den Strom,
Umspannen an der Wiege schon die Bahre,
Im Keime schon der Freiheit Blüthenbaum.
Der Dichter ist der Stern uns in der Nacht;
Er rührt den Felsen an und Leben sprießt,
Die Freiheit weckt er aus der Gruft des Todes.

Des Corsen Hand lag schwer auf Deutschlands Gauen,
Hielt unser Volk in tiefer Schmach gebunden,
In Sklavenketten halb Europa schon.
Das Weltall dacht' er zu bezwingen, Er,
Ein Sohn der Freiheit, der uns Knechtschaft brachte!
Verschwunden war bis auf die Sprache fast
Des Deutschen Art in Sitte, Pflicht und Ehre.
Es huldigten die Fürsten selbst dem Mächt'gen;
Die Edlen waren stumm in ihrem Zorn;
Gewohnt, abgöttisch anzubeten, hat
Das Volk die fremde Ruthe selbst geküßt,
Liebäugelt mit des wälschen Siegers Tücke.

Da fällt der Schuß des Tell! Die Dichtung fliegt
Von Mund zu Mund in allen deutschen Landen:
„Ja, eine Grenze hat Tyrannenmacht!"
Der Dichter ruft es und sein Volk horcht auf:
„Zum letzten Mittel, wenn kein andres mehr
„Verfangen will, ist ihm das Schwert gegeben.
„Es holt herunter seine ew'gen Rechte,
„Die droben hangen unveräußerlich
„Und unzerbrechlich wie die Sterne selbst!"
Aufruf der Völker gegen Zwingherrntroß:
Das war die Dichtung, und sie ward zur That,
Die Mahnung des Propheten ward erfüllt.
Er schreibt den Tell: — der Corse schreckt empor:
„Laßt mich die Dichtung seh'n, die gegen mich!"

7*

Ihm bangt, er hört entsetzt von ferne schon
Des Volkes Zorn lawinengleich sich wälzen.
Kein halb Jahrzehn verging: da scholl's wie Echo,
Da leuchteten die Feuer von den Bergen,
Da griff der Sohn Tirols zu seinem Stutzen,
Um abzuwehren fremden Herrschertrotz,
Auf daß jed' Volk des eignen Schicksals Schmied,
Auf seiner eignen Scholle Herr und Meister,
Im Herzen treu der angestammten Art.
Kein halb Jahrzehn: und Deutschland steht in Waffen,
Der Bürger rüstet sich zum Freiheitskampf,
Dem Bauer wird der Pflug zum guten Schwert,
Und des Tyrannen letzte Stunde schlägt,
Auf Leipzigs Feldern trifft ihn Gottes Hand.

„Die Weltgeschichte ist das Weltgericht."
Der Dichter ist des Weltgerichts Prophet.
Ein Gott sprach: und die Welt entstieg dem Chaos.
Ein Dichter singt: das Volk erfüllt sein Wort.
Seid reif zum Wollen, dann ist Eu'r die That!
Seid einig, einig! ruft im Tell der Greis, —
Und frei erklärt der Erbe seine Knechte.

Prolog zum Tiedgefeste.

(Im Großen Garten zu Dresden 1857 gesprochen von Frl. Francisca Berg.)

~~~~~~~~~

Es trat ein Weib hin vor den finstern Richter.
Sie fühlt sich frei von Makel und von Fehle, .
Sie hebt die Hand empor zum heil'gen Himmel,
Der Unschuld Miene strahlt auf ihren Wangen, —
Doch bleibt die Lippe karg und arm und stumm.
Der strenge Richter runzelt seine Brauen,
Ach, er versteht der Unschuld Sprache nicht:
„Bist Du so stumm in Deiner Selbstvertheid'gung,
„Wo Tod und Leben auf dem Spiele steh'n?"
So fragt er, und ist schon bereit, den Spruch,
Den Urtheilsspruch, der sie verdammt, zu fällen.

O seid der Richter nicht! Laßt den Verstand
Allein nicht sprechen! Nein, das Herz versteht
Die stille Sprache, die die Armuth spricht,
Versteht die Hand, die sich nach Hülfe sehnt,
Den stummen Blick, der nach dem Himmel deutet. —
Und seht! Wie jetzt der Richter an sie tritt,
Und scharf und kalt ihr in das Antlitz schaut:

Da schwillt die Thräne, die ihr Auge weint,
Sie schwillt und wird zum Spiegel, groß und klar,
In welchem sich der Richter selbst erblickt.
Im Spiegelbilde sieht er seinen Zorn,
Erkennt die Mißgestalt des finstern Grolls,
Erkennt sein Unrecht und spricht frei das Weib. —

Kennt Ihr die Sage aus dem Mund des Volkes? —
— Es giebt der Dichter, die die Welt Euch schildern,
Des Lebens Höh'n und Tiefen Euch erschließen
In ihrer Leidenschaft beredtem Sturm.
Nicht so der Dichter, den wir heute meinen.
Er kennt nicht mehr der neuen Zeiten Losung;
Die Wang' ist bleich, und seine Lippe stumm.
Das arme Weib, das vor dem Richter steht
In ihrer Unschuld stummer Zeichensprache:
Sie gleicht der Muse des Uraniadichters,
Der Muse Tiedge's, die jetzt still und stumm.
Ein Anwalt Derer, die ein Jenseits hoffen,
Weil ihnen eng und karg die Gegenwart,
Sang er den geistig Armen seine Lieder,
Die, Gott im Herzen, auf den Himmel bau'n.
Sein Lied ist nur der Eine leise Seufzer,
Der Unschuld und der Armuth stumme Thräne,
Die stille Thräne, die Urania weint.

Ihr sprecht so gern: Frei sei der Geist und stolz!
Wenn aber Erdenstaub den Fittich drückt:

Wo bleibt der Schwingen Kraft, sich zu entfalten?
— O blickt auch Ihr in jene helle Thräne,
Die still daheim in eng verborgner Kammer
Der Gram, die Unschuld und die Armuth weint!
Verkennt den Dichter nicht: er sang die Thräne,
Die wortkarg jenes arme Weib geweint,
In deren Glanz der Richter sich erkannte.
Das treibt uns an, in seinem Sinn zu wirken,
In seinem Namen neue Saat zu streu'n,
Bäume zu pflanzen, deren Schirmdach weit
Und breit die Sänger schützt vor Ungemach.
Wir haben ihm ein Denkmal eingezeichnet
In jenem Felsen an der Elbe Strand;
Da steht sein Name für die Ewigkeit.
Der Name Tiedge stand in Aller Herzen,
Und wir erneu'n die halbverwischten Züge,
Die Tausenden geleuchtet wie ein Stern
In dunkler Nacht, in Lebens Müh' und Noth.
Wir taufen unser Fest mit seinem Namen,
Der Gutes wirkt, selbst wo er schon vergessen.
Drum seid gepriesen, die Ihr hier erschient,
Zu unserm Feste den Tribut zu zollen!
Und wenn Urania schweigt, laßt jenen Höhern
Mit seiner „Glocke" Ton zum Herzen reden. *)

*) Im Sommertheater des Großen Gartens wurde nach diesem Prologe
Schillers Glocke mit lebenden Bildern aufgeführt. Der Ertrag des Festes war
zum Besten der Tiedgestiftung.

Sie mahnt uns an die heiligsten Gelübde,
Sie giebt uns von der Wiege bis zur Gruft
Mit ihrer Engelzunge das Geleit. —
Gesegnet sei der deutsche Dichterhain,
Deß Liedermund in hundert Zungen spricht!
Gesegnet sei das Volk, das im Verein
Die Sänger ehrt, noch eh' ihr Auge bricht!

Cantate zum Weberfest in Dresden. 1860.[*)]

I.

Hört ihr das Echo fern im deutschen Norden?
An Holsteins Küsten rauscht froh auf das Meer!
Der Töne Meister, der der Unsre worden,
Aus jenen Wäldern kam er zu uns her.

Waldmädchen flüstern neckend in den Zweigen,
Silvana, Rübezahl und Kühleborn,
Der Wolfschlucht Geister mußten sich ihm beugen,
Sein Waldhorn ward zu Oberons Zauberhorn.

Doch tiefe Nacht lag auf den deutschen Landen;
Der Jüngling schlich so trüb' am Wanderstab;
Des Corsen Hand hielt uns in schweren Banden,
Der Jüngling stand an Deutschlands offnem Grab.

*) Mit Musik von Julius Rietz.

Verzweiflung nagt' an seinem stillen Herzen:
Wer soll noch singen, wo die Freude flieht?
Einsargen will ich mich mit meinen Schmerzen;
Erst, Volk, sei frei: bis dahin schweig', mein Lied!

II.

Nachtigall und Lerche schwiegen
Auf den deutschen Fluren nie.
Auch um Knechtschaft zu besiegen,
Singe, Sänger, spät und früh!

Trau' dem Wort und seinen Klängen
Höhlt der Tropfe doch den Stein!
Ein Tyrtäus mit Gesängen
Muß uns erst zu Helden weih'n.

Soll sich Deutschland wiederfinden,
Müssen, liegt's in Gottes Rath,
„Schwert und Leier" sich verbünden
Zu der Freiheit kühner That.

Deutsches Volk, Du warst „gefallen",
„Aber Deutschlands Eichen nicht."
„Du, Du herrlichstes vor allen,"—
Komm und halt' Dein Weltgericht!

Hört das Echo aus den Wäldern,
Lützow's wild-verweg'ne Jagd,
Und auf unsern Schlachtenfeldern
Bricht des Franken stolze Macht.

III.

Heil ihm, er fühlte mit dem Volke,
Die Jugend sang sein Schlachtenlied;
Es senkt wie Gottes Donnerwolke
Sich auf den Feind: er wankt und flieht.

Er hat die Sieg' uns mit errungen,
Hat unsre Träume wahr gemacht;
So deutschen Sinn's hat nie erklungen
Des Tones süße Zaubermacht.

An unsrer Eichenwälder Rauschen,
An unsrer Mährchen tiefstem Schooß,
Wie Kinder, die auf Wunder lauschen,
Zog unsres Meisters Kunst sich groß.

Und ob ihn uns die Fremde raubte
Dort an der stolzen Themse Strand,
Der Sturmwind ihn zu früh entlaubte:
Die Asche ruht im heim'schen Land.

Er ist der Unsre, wie im Leben
So auch im Tod, in Ewigkeit.
Sein Geist wird unser Volk umschweben
In Kampf und Sieg, in Lust und Leid.

———

Reimsprüche.

Meist aus dem Munde des Volkes.

~~~~~~~~~

Geh' zurück auf des Volkes Kern;
Er gilt noch immer, nah und fern.
Steig' zurück in des Volkes Schooß:
Wirst dann manche Lüge los.

Schaff', eh' die Nacht anbricht!
Geh' mit Dir in's Gericht,
Ehe der Morgen tagt
Und Dich dann selbst anklagt.

Hilf, wo Du Nöthe siehst,
Während Du selber blühst.
Denk' an die Ernte fern,
Pflanzest Du einen Kern.

Sieh Dich vor, eh' Du giebst;
Bleib aber treu, wenn Du liebst.

Wenn Du giebst, mach', daß es scheint,
Auch der Andre könnt's erwiedern.
Gabe, die als Gnade gemeint,
Kann den Andern nur erniedern.

Willst Du den Kern, zerbeiß' erst seine Schaale.
Die Arbeit erst, dann der Genuß.
Beides geht nicht mit einem Male;
Je stärker die Schaale, desto süßer die Nuß.

Zum Wohnen bau' den Lebenden ein Haus,
Zum Ruh'n den Todten eine Gruft.
So baue stets, bis Dich zum Richteschmaus
Der Engel mit der Krone ruft.

(Perfisch.)

Berge kommen nicht zusammen,
Aber Menschen treffen sich.
Steh'n zwei Herzen hell in Flammen,
Bücken selbst die Berge sich.

(Arabisch.)

Will Gott eine Ameise verderben,
So setzt er ihr Flügel an.
Drum, soll Dein Glück schnell sterben,
Setz' Hochmuth dran.

(Altdeutsch.)

Der Adam mußt' eine Eva han,
Auf die er schiebt, was er selbst gethan.
Hätt' sie ihm nicht den Apfel gewiesen,
Er hätt' ihn ganz von selbst verspiesen.

Wer sich zu Honig macht, den benaschen die Fliegen,
Wer sich grün macht, den fressen die Ziegen.

Beſſer eine Kerze vor Dir her,
Als deren zwei hinter Dir drein.
Sich ſelber leuchten, iſt freilich ſchwer;
Sich heimleuchten laſſen, weder klug noch fein.

Wenn Du Einen Narren ſä'ſt,
Tauſend in der Ernte mäh'ſt.
Weisheitskorn fällt oft auf den Weg,
Narrenſame ſelten ſchräg.
Weisheitsſaat: kaum hundertfältig,
Narrenernte: tauſendfältig.

Der Zorn wirft blinde Junge
Und kommt im Kindbett um.
Halt' Du in Zaum die Zunge,
Sprich lieber nichts als dumm.

(Ruthenisch.)

Beſſer mit Geſcheidten den Sieg verlieren,
Als mit den Dummen triumphiren.

(Lithauisch.)

Armuth zeigen,
Reichthum verſchweigen
Räth man Dir zu aller Zeit. —

Halt' Deinen Reichthum nie verborgen.
Wo Du arm: sei ohne Sorgen,
Das entdeckt doch bald der Neid.

(Russisch.)

Das schlimmste Rad am Wagen knarrt am meisten.
Ein Hund, der bellt, wird in der Noth nichts leisten.
Er beißt nicht, macht den Dieb nur schlau und fein;
Wer handeln will, braucht nicht erst laut zu schrei'n.
Laß Dich nur schelten hier und dort;
Bellt auch der Hund: — der Wind trägt's fort.

Man empfängt den Mann nach seinem Gewande,
Führt ihn aber heim nach seinem Verstande.

Ein grobes Hemd, mein guter Freund,
Es ist noch keine Blöße.
Und wer recht hoch gestellt sich meint,
Hat drum noch keine Größe.

So mancher steigt sehr hoch zu Pferd
Und stachelt und peitscht das Thier,
Und trägt sein Haupt als wär' es werth
Eine Krone sammt Reichspanier.

So mancher sitzt auf hohem Roß
Von früh bis spät so stolz,
Und merkt es nicht sammt seinem Troß:
Sein Gaul ist nur von Holz.

Rede wenig, denke viel,
Handeln sei Dein bestes Ziel.
Schließ' die Lippe, nie Dein Herz,
Hab' die Blicke allerwärts.
Kommt's dann aus dem tiefsten Bronnen,
Wird's auch reifen an der Sonnen.

(Eine Dame der Gesellschaft verwarf das; ihr Reimspruch lautet etwa so:)

Schließ' Dein Herz, nie Deine Lippen,
Mußt Du Thee in Gesellschaft nippen.
Füttre die Andern mit Conversation;
Dein Herz lebt von sich selber schon.

König Salomo sprach klug und ohne Fehle:
Bewahr' die Zunge, so bewahrst Du Deine Seele.
Der Weise hat im Herzen seinen Mund,
Der Narr giebt all' sein Herz auf der Zunge kund.

(Polnisch.)

Auf der Zunge Honig,
Wermuth unter ihr.

Auf dem Dache wohn' ich!
Sagt die falsche Zier.
Im Keller aber wohnen
Ungesehen die Dämonen.

(Polnisch.)

Zeitlebens wollt' ich klug es ausstudieren,
Was mir den Eintritt hier und dort verleiht.
Ich feilt', ich änderte nach Ort und Zeit
Die Schlüssel, die zu Dem und Jenem führen.
Nun weiß ich's endlich, und es thut mir leid:
Ein goldner Schlüssel paßt zu allen Thüren.

Mancher Schuft wär' nicht so gefährlich,
Hätt' er nicht leider sein Gutes auch.
Doch willst Du's benutzen klug und ehrlich,
Ueberlistet Dich doch der Gauch.

Damen der Gesellschaft halten sich gern Dichter,
Schätzen sie viel höher als anderes Gelichter.
Wenn Du nur hübsch über'n Stock springst
Mit zierlichen Versfüßen,
Vielleicht noch in ihr Herz dringst,
Dir den Dienst zu versüßen.
Tanzest Du gar Seil auf Einem Bein,
Wirst balde ihr Schooßkind sein.

Mancher betet vor dem Christusbild
Und führt den Teufel doch im Schild,

Läßt den Herrn in der Kirche steh'n,
Um mit dem Teufel nach Hause zu geh'n.
Trägst Du Christus nicht in Dir:
Bleibst des Teufels für und für.

(Slovakisch.)

Wer gar keinen Altar ehrt,
Bückt sich vielleicht vor einem Küchenherd,
Oder vor dem Sack mit Moneten;
Irgendwo muß Jeder beten.

(Englisch.)

Wer mit dem Teufel essen will,
Braucht einen langen Löffelstiel.
Oft kommt der Teufel im langen Talar, —
Dann brauchst Du eine lange Elle, —
Scharwenzelt herum an dem Altar,
Bleibt was er ist auch an heiliger Stelle.

(Englisch.)

Wen je gebissen eine Schlange,
Dem wird schon oft vor Raupen bange.

Die Vergangenheit ist Dir ein Räthsel,
Und die Gegenwart verstehst Du nicht;
Blöder Thor, und willst die Zukunft schon erfassen?
Würdest Du denn nicht erblassen,
Säh'st Du dies' und kenntest jene nicht!

Ich fliehe dich und deine düstern Mauern,
Bin ich in deinem Schooß, o Einsamkeit,
Und möchte doch in deiner Kammer trauern,
Bin ich im Lärm der Welt, o Einsamkeit!
Ich fliehe dich, dich ewig neu zu finden,
Ich finde dich, und fliehe schreckensbleich.
Wer löst die dunkeln Räthsel, die uns binden?
Philister sagt: es giebt kein Zauberreich!

Einer nur ruht ewig und genießt,
Aus dem der Welten Odem fließt.
Zukunft, Gegenwart, Vergangenheit
Fasset in sich seine Unendlichkeit.

Die Sünde, die Dich drückt, verbirg in Nacht;
Den Menschen Scham und Angst zu zeigen scheue!
Kommt dann der junge Morgen: sieh, er lacht
Und küßt hinweg die Thränen Deiner Reue.
Der Nachtthau hat Dir Deine Saat erfrischt,
Auch wenn er vor dem Aug' der Welt erlischt.

Finster ist's am Fuß der Kerzen!
Sagt der Perser einfach schlicht.
Leuchten sie für Aug' und Herzen,
Ihren Fuß erhell'n sie nicht.

Hätt' das gern in Rom gebeichtet
In der Pfaffen Sündenpfuhl!
Christus hat die Welt erleuchtet:
Finster bleibt's an Petri Stuhl.

(Auch persisch.)

Der Esel, auf dem der Herr Jesus ritt,
Kommt deshalb noch nicht in den Himmel mit.

Die Weisen aus den Morgenlanden
In der Krippe den Herrn und Heiland fanden.
Ochs und Esel fraßen froh
Aus selbiger Krippe Heu und Stroh.
Jene führte weit her der Ahnung Stern;
Diese halten sich an das Nächste gern.
Nur was Ihr suchet, könnt Ihr finden;
Die Sonne leuchtet nicht den Blinden.

Wenn die Nonnen tanzen, spielt der Teufel dazu.
Willst Du den Teufel vermeiden, laß die Pfaffen in Ruh.

Die beste Waffe gegen jeden Feind
Ist dessen Furcht, Du sei'st zum Kampfe fertig.
Drum halt' Dich so, daß aller Welt es scheint,
Du sei'st des Angriffs jederzeit gewärtig.

(Corruptissima republica plurimae leges.)

Tacitus.

Je gelehrter,
Desto verkehrter.
Je mehr Gesetze im Land,
Desto weniger wird Recht erkannt.

Fürstengunst zerbricht wie Glas,
Fürstenzorn liegt schwer wie Blei.
Halt' Dich still und geh' fürbaß;
In Dir selbst nur bist Du frei.

Volksgunst wechselt wie der Wind;
Bleib' Dir selber treu gesinnt!
Dann bei Sturm und Sonnenschein
Wirst Dir selbst der Kompaß sein.

Eine Hütte, wo der Scherz wohnt,
Besser als Paläste, wo der Schmerz thront.

(In der Paulskirche zu Frankfurt am M.)

Sie stritten schon um die Bärenhaut,
Eh' sie den Bären todt geschaut.

Es brummt der Bär, wenn Ihr den Spieß ihm zeigt.
Trifft ihn der Spieß, dann seid gewiß: er schweigt.

Der Kluge klügelt, hält im Lager Rath,
Derweil der Dumme schon die Festung überrumpelt.
Wenn dieser dreist und keck entschieden hat,
Kommt der mit seiner Weisheit nachgehumpelt.
Des Volkes Weise tagten in Sanct Paul;
Das Volk sprach: Seid nur mit der That nicht faul!
— Und weil die Weisheit mit der dreisten That
Sich nicht zur rechten Zeit verkettet,
Ward dumm der Weisen allzu kluger Rath,
Und nur wer dummdreist, hätt' uns klug errettet.
In Frankreich giebt's nicht soviel Kälber;
Staatsretter retten da sich selber.

Alte rathen, Junge fechten.
Wollen aber Beid' erst rechten,
Wem zumal der Preis gebührt:
Keiner was zu Ende führt.
Rathet feurig wie man ficht,
Hinterher sitzt zu Gericht.
Tadelt Ihr die That, die rasche,
Bleibt vom Feuer nichts als Asche.

———

Religiöses.

Gottgefühl.

(Mit Orgelbegleitung.)

Laß die Wonne mich begreifen,
Hauch von Deinem Geist zu sein.
Laß mich durch das Weltall schweifen,
Denn die Welten all sind Dein'.

Athemzug von Deiner Seele,
Ewig hier und ewig da,
Hauch von Deiner eignen Kehle,
Ton der Weltharmonika.

Ob Du mit dem Tode strittest,
Jubeltest in höchster Lust, —
Seufzer, wenn Du Schmerzen littest,
Leises Ach in Deiner Brust!

Sei's in Freuden, sei's in Schmerzen
Dir zur Seit' im Weltgewühl,
Tropfe Blut von Deinem Herzen,
Ewig treues Mitgefühl, —

Schein von Deines Geistes Schimmern,
Halm in Deinem Aehrenkranz,
Stern, wo Millionen flimmern,
Strahl von Deinem Sonnenglanz, —

Bin in Deinem Aug' das Zittern,
Bin die Falt' auf Deiner Stirn,
Bin Dein Blitz in Ungewittern,
Dein Gedanke im Gehirn.

Lächelst Du: ich bin Dein Lächeln,
Ich die Thräne, die Du weinst.
Stirbst: — ich bin Dein Todesröcheln,
Bis Du neu der Welt erscheinst.

Stürz' ich mich in tausend Tode,
Werd' ich doch nicht untergeh'n,
Mit dem nächsten Morgenrothe
Wieder mit Dir aufersteh'n.

So, mein Gott, von Dir geboren,
Sproß von Deinem heil'gen Schooß,
Bin ich mit Dir unverloren,
Bleib' ich mit Dir ewig groß.

Vor dem Gekreuzigten.

Der Du aus die Arme breitest,
Aller Welt Erlöser bist,
Mir die Seele hebst und weitest:
Laß mich sein wie Du ein Christ.

Alle möchtest Du umfangen
Mit den Flügeln lieb und lind
Uns, — wie eng und wie befangen,
Die Dein Nachgefolge sind!

Mach' das Herz mir weit und offen,
Nicht zum frommen, engen Schrein;
Laß mich lieben, laß mich hoffen,
Und so werd' ich Gottes sein.

Aller Welt gesammte Schmerzen
Seien mein, wie Du sie trägst
Und im Allerbarmerherzen
Allen Lieb' und Milde hegst.

Laß mich alle die als Brüder
Fest umschlingen treu und warm,
Die Du selbst mit dem Gefieder
Deckst und schirmst vor Leid und Harm.

Wie Du aus die Arme breitest,
Aller Welt ein Vorbild bist,
Mir die Seele hebst und weitest:
Laß mich sein wie Du ein Christ!

Nicht wie Menschen Dich verstanden,
Nicht wie Priester Dich gelehrt,
Nein, wie die am Kreuz gestanden,
Die Du selber Dir bekehrt.

Geist meiner Mutter!

Geist meiner Mutter, komm aus Himmelshöhen,
Lieg' ich tief an des Abgrund's Rand,
Und steig' herauf, siehst Du mich oben stehen,
Wo keck Besonnenheit mir schwand.

Ob sie zur Höhe steigen, ob zur Tiefe,
Die Dich verließen, armes Herz,
Und wenn sie einstens die Posaune riefe,
Wer weiß: ob auf-, ob niederwärts!

Steh' Du mir bei in meinen Erdennöthen
Und warte nicht zum jüngsten Tag.
Was hilft er mir mit seinen Morgenröthen,
Wenn er nicht diesseits schon anbrach!

Was feierst Du in Deinen Seligkeiten?
Geist meiner Mutter, steh' mir bei!
Hier gilt's, für mich zu kämpfen und zu streiten,
Jetzt oder nie, wer Sieger sei.

9

Wenn ich in Nacht und Sünde mich verliere,
Dann hilf mir ringen, sel'ger Geist,
Gleichviel ob ich dereinst die Gnade spüre:
Doppelt beweist, wer gleich beweist.

Beweise hier, ob sich ein Gott der Liebe
Erbarmt der armen Creatur,
Beweise mir, wie in dem Kampf der Triebe
Obsiegt ein Gott, obsiegt Natur.

Steh Du mir bei in meinen Zweifelsirren,
Sei Du mein Glaube, Schirm und Hort,
Kann ich mich hier dem Labyrinth entwirren,
Werd' ich auch Sieger bleiben dort.

Im Augenblick schon liegt des Himmels Freude,
Im Augenblick der Hölle Lohn,
Wir schmecken wie zur Lust, zum Leide
Hienieden Höll' und Himmel schon.

Umflattert mich, ihr heil'gen Engelschaaren,
Die Erd' ist ihres Gottes voll,
Könnt ihr mich vor dem Augenblick bewahren,
Zahlt ihr der Ewigkeit den Zoll.

Unsterblichkeit.

Fegt der Tod einst mit dem Rechen
Meine welken Blätter fort:
Soll dies Aug' für ewig brechen,
Schwinden jeder Hoffnungsport?

Muß ich mich in's All ergießen,
Aufgelöst und steuerlos,
Ungezählt die Thräne fließen
In des Universums Schooß?

Und der Krater tief im Herzen
Ist verraucht in Saus und Braus?
Nach dem Aufwand aller Schmerzen
Wär' das ganze Schauspiel aus? —

Lästre nicht den Gott der Götter,
Der ja selbst hinunterstieg,
Und aus Tod und Nacht ein Retter,
Feierte den höchsten Sieg.

Mit der Asche der Gefühle,
Wenn die Fackel umgekehrt,
Düng' die Erde, Herz, und kühle
Was dich glühend heiß verzehrt!

Kannst nichts Höheres erstreben
Als im Ganzen groß und rein,
Still und wirksam weiter leben:
Sieh, das heißt unsterblich sein.

Auf der Leiter aller Wesen
Giebt's ein Auf-, ein Niederwärts,
Und was ist, war schon gewesen: —
Steig' nur aufwärts, gutes Herz! —

Die Kirche der Zukunft.

Ich hatte sie noch nicht gesehen,
Die „heil'gen Hallen" bei Tharandt;
Ich sah als Kind im Geist sie stehen,
Wie sie der gläub'ge Sinn erfand.

Kein Pförtner öffnet Euch die Pforte,
Kein Meßner kniet an dem Altar;
Auch hört Ihr keines Priesters Worte,
Der Quell nur lispelt rein und klar.

Kein Engelsbildniß streckt die Flügel
Starr, unbeweglich steinern aus;
Der Sturmwind kommt vom nahen Hügel,
Schwingt seinen Fittich um dies Haus.

Die Buchen strecken hoch die Säulen,
Des Himmels Bläue wölbt das Dach,
Bei Tag, bei Nacht kannst Du verweilen,
Der Sonne ziehn die Sterne nach.

Kann Dir die Sonne Gott bedeuten,
So sieh im Mond Mariä Bild,
Und jede Hora hörst Du läuten
Im Blattgesäusel still und mild.

Kein Opfer wird hier mehr geschlachtet,
Damit sein Blut zu rächen sei,
Und ob der Tod die Welt umnachtet,
Der junge Morgen hebt sich neu.

Die Blume stirbt nur um vom neuen
In ihren Kindern zu erblüh'n;
Daß sich Natur und Gott entzweien,
Ist Eures eignen Wahns Bemüh'n.

Ihr selber habt das All gespaltet,
Gott und Natur feindlich gestellt,
So daß der Zwietracht Dämon waltet
In dieser Eins=gedachten Welt.

Macht die Natur zu Gottes Tempel,
Wie Er sie selbst sich ausgedacht:
Dann erst tragt Ihr in Euch den Stempel,
Der Euch zu Priestern Gottes macht.

Weihnachten, Ostern, Pfingsten.

Der Geist durchkreuzt die Wege der Natur,
Er bringt sein Licht in's dunkle Menschenleben,
Er senkt die Fackel auf die Blüthenflur,
Will Lust in Schmerz, und Schmerz in Lust erheben.

Starr ist des Winters eisig kalter Schooß,
Der Tag kann sich der Nacht nur kaum entwinden,
Die Angst der Sünde wird sich selbst nicht los,
Kann Licht und Trost nicht mehr im Dunkeln finden.

Da bringst Du Deine Kerzen, heil'ge Nacht,
Willst aller Welt ein fröhlich Leben künden,
Des Geistes Freude, die gen Himmel lacht,
In den erstarrten Menschenherzen zünden.

Doch, ringt im Lenz Natur sich neu empor,
In Feld und Wald sich mit der Lust zu gatten:
Da ruft sein Veto laut ein Trauerchor,
Da fällt auf uns des Kreuzes dunkler Schatten.

Der Geist thut Einspruch, wo Natur sich regt,
Er ruft den Tod in's blüh'nde Erdenleben,
Er bringt Dir Schmerzen, wo Du lustbewegt,
Und zündet Licht, wo Schatten Dich umschweben.

O Widerspruch der armen Menschenbrust!
Du sollst im Tod am Kreuz den Frühling büßen
Und in der Winternacht Dir unbewußt
Den Erdenschmerz mit Himmelslust versüßen!

Irrst Du, Natur? Und hat der Geist nur Recht,
Will er Dich in Dein Gegentheil verkehren?
Bist willenlos gehorsam Du sein Knecht,
Wenn Dir der Geist den neuen Lenz will stören?

Er stirbt am Kreuz, wenn Frühlingslüfte weh'n;
Doch kann auch ihn die dunkle Gruft nicht halten,
Am dritten Tage muß er aufersteh'n,
Sein ewig Leben wieder jung entfalten.

Es hat der Tod kein bleibend Regiment:
Das muß der Geist am Ostertag verkünden,
Die Fackel senkt er nur, daß neu sie brennt,
Und an der Gruft muß neues Licht sich zünden.

Nur eine Mahnung soll der Tod Euch sein,
Tritt er in's lustberauschte Menschenleben,
Du sollst Tribut ihm, eine Thräne weih'n,
Willst Du den Freudenkelch zur Lippe heben.

Dann juble, Herz, zugleich mit Wald und Flur!
Dann hat Natur und Geist den Streit bezwungen,
Einträchtig ist dann ihres Wandels Spur,
Und Pfingsten spricht es aus mit Engelszungen.

Wald-, Feld- und Gartenlieder.

Bist Du im Wald gewandelt.

Bist Du im Wald gewandelt,
Hast all Dein tiefstes Weh
Still in Dir selbst verhandelt,
Das Gott kennt in der Höh', —

Hast, was Dir Menschen rauben,
Dir wieder zugetraut,
Und einen festen Glauben
Neu in Dir auferbaut, —

Die Summe Deiner Freuden
In Rechnung Dir gebracht,
Von Mühsal, Gram und Leiden
Den Abschluß treu gemacht, —

Hast Du Dein bestes Wissen
Als schwaches Nichts erkannt,
Mit eigner Hand zerrissen
All eiteln Wahn und Tand:

Dann, wenn sich ausgeblutet
Dein ganzer Lebensschmerz:—
Alsdann auch frisch gemuthet
Verjünge frei Dein Herz;

Tritt unter Menschen wieder
Neu in das Leben hin,
Erkenne sie als Brüder
Mit harmlos reinem Sinn.

Sei, was Du einst gewesen,
Ein gottvertrauend Kind,
Zu Lust und Leid erlesen,
Wie Gottes Kinder sind.

Dein Herz ein Acker.

———

Will das Schicksal hart Dich pflügen,
Nicht blos Furchen Deinen Zügen,
Furchen drücken in Dein Herz: -
Nimm es als Nothwendigkeiten,
Dir die Seele zu bereiten,
Denn am tiefsten furcht der Schmerz.
Lerne nur den Schmerz begreifen!
Nimmer wird die Ernte reifen,
Wenn nicht tief das Saatkorn fällt.
Himmelsthau muß es dann feuchten;
Wenn Dich Thränen nie erweichten,
War Dein Herz nicht wohlbestellt.

———

Auf und nieder.

Unklar in Nebeln steigt es auf zum Herrn, —
Unklar ist unser Wissen, unser Denken, —
Um sich als fester Wille, ach, wie gern!
Als Regen feuchtend auf uns her zu senken.

Die Wasser steigen auf und steigen nieder
Im Kreislauf, ohne Anfang, ohne Ziel.
Den Himmel streifen Deine höchsten Lieder
Nur wenn ein Strahl von oben auf Dich fiel.

Der Springquell steigt; doch nie zu jener Höhe,
Als ihm von oben wird die Kraft gespendet.
Streb' aufwärts, Mensch; doch vor Dir selbst gestehe,
Daß Du ein Nichts, wenn Gott sich von Dir wendet.

Hoch und Niedrig.

Ich fragte die Lerche:

Möchtest sein so hochgeboren
Wie der Adler in dem Horst,
Den sich Götter selbst erkoren,
Der beherrscht den ganzen Forst?

Sag' mir, Lerche! Still bescheiden
Nistest Du im niedern Feld:
Möchtest Du den Aar beneiden,
Möchtest sein ein großer Held?

Sprach die Lerche:

Ach, der Adler starrt zu Thale,
Wo er seine Beut' erspäht,
Die zum königlichen Mahle
Täglich noth ihm früh und spät.

10

Wer so hoch, der strebt zur Tiefe,
Und die Lust wird ihm zur Qual,
Als ob ihn ein Dämon riefe
In das stille Hirtenthal.

Wer im Schooß des Volks hienieden,
Singend steigt er himmelwärts;
Stör' nicht seinen Seelenfrieden,
Frei und fröhlich ist sein Herz.

Laßt mich meine Lieder singen
Aufwärts wie ich kann und will;
In die Luft will ich mich schwingen,
Aber nisten tief und still.

Süss wie das Säuseln selbstgepflanzter Bäume.

Süß wie das Säuseln selbstgepflanzter Bäume!
Nicht blos die Frucht ist süß,
Nicht Wirklichkeit nur, süß sind auch die Träume,
Sie bau'n ein Paradies.

Süß ist es: was der Baum jungauf erlebte,
Mein nennen früh und spät.
Was Bien' und Schmetterling hineinverwebte:
Kein West hat es verweht.

Der Kern quoll auf, vom Himmelsthau genetzet;
Mein Herz quoll mit ihm auf,
Und jeden Dorn, der seinen Trieb verletzet,
Ich fühl' ihn mit vollauf.

Die Schmerzen alle, die der Baum erlitten,
Und die vernarbt nun sind,
Ich fühlte sie in meines Herzens Mitten,
Fühl's wie im eignen Kind.

Die Nachtigall sang ihm und mir die Lieder,
Vom Sternenlicht belauscht;
Der Sturmwind beugte ihm und mir die Glieder,
Vom Regen überrauscht.

Im Kampf der Element' und aller Wetter,
In Sturm und Sonnenschein,
Ich fühl's im stillen Säuseln seiner Blätter:
Des Baumes Herz ist mein.

Süß ist es, seinen Wandel mit erleben,
Noch eh' die Frucht uns lohnt,
Die Träume süß, die in den Blüthen weben,
Der Wurm, der in ihm wohnt.

Er mahnt auch Dich an's Ende Deiner Tage.
Ein leiser Hauch genügt:
Dann wird Dein Dasein eine stille Sage,
Dein Erdenplatz umpflügt.

Auch ein Lied an den Mond.

Thema: Guter Mond, Du gehst so stille.

Hast Vielen gar vieles gegolten
Seit Uranfang, lieber Mond.
Und bist auch viel gescholten
Wie Helena, bist es gewohnt.

Die Sonne beherrsche die Herzen,
Und Du des Menschen Gehirn!
So sagen sie. Mußt es verschmerzen,
Du gutes bleiches Gestirn.

Poesie hat Dich gefeiert,
Kritik Dich heruntergemacht;
Was hundertmal abgeleiert,
Du hast zu allem gelacht.

Im Zwielicht des Aberglaubens
Da greifen sie hin und her;
Die dunkeln Menschen, sie glauben's,
Sie glauben die dunkelste Mähr.

Du hörst gar vieles noch munkeln,
Sie lassen Dir keine Ruh.
Wir sind es, die Dich verdunkeln,
Wir werfen den Schatten Dir zu.

Wer sich bei abnehmendem Lichte
Je scheeren ließ das Haupt:
Den hast Du mit scheelem Gesichte
Boshaft der Locken beraubt!

Die Warzen, die Skropheln, die Kröpse,
Sie heilen bei sinkendem Schein;
Für tausend dumme Tröpfe:
Du stehst für alles ein!

Jede Julia in schwühlen Nächten,
Die um ihren Romeo weint,
Mit dem Mondlicht muß sie rechten,
Wenn der Liebste nicht erscheint.

Auch soll er beim Monde nicht schwören,
Weil der so wandelbar!
Kurz, wo wir uns selber bethören:
Der Mond ist schuld, das ist klar.

Er hat die Liebe verrathen,
Die still im Dunkeln schlich;
Für gut' und böse Thaten
Ist er verantwortlich!

Gehst still Deine eignen Stege,
So Natur Dir gezeichnet hat;
Für der Menschen Kreuz- und Querwege
Weißt Du schwerlich guten Rath.

Wie viel Leumund mußt Du erdulden,
Guter Mond, daß Gott erbarm'!
Selbst Ebbe und Fluth verschulden,
Bist selber ganz wasserarm.

Ihre wäss'rigen Mondscheingedichte,
Die schieben sie Dir in die Schuh';
Du Mann mit dem Duldergesichte,
Du lächelst freundlich dazu.

Zum Leiden stets auserlesen,
Du treuer Erdentrabant,
Was bist Du nicht alles gewesen,
Wie oft und viel verkannt!

Ausgebrannt, eine Schlacke, so hieß es;
Dann nannten sie Dich einen Geist.
Das träumt Herr Fechner, der Mises,
Nur schad', daß er's nicht beweist.

Hattest viel Feindschaft zu leiden,
Was Wunder daß Du so blaß!
Zuletzt kam auch noch Herr Schleiden,
Bewarf Dich mit Spott und Haß.

Kann Einer das Dunkel nicht hellen,
Strebt er Unmögliches an:
So wird er den Mond anbellen,
Der das dann auch gethan.

Oft möchtest Du wohl erröthen
In Deiner Martyrgeduld;
Lieber Sündenbock, bist uns von nöthen,
Sonst fällt auf uns die Schuld!

Schon seit Adam — ach, wie gerne! —
Werfen wir, was uns mißfiel,
Auf den Mond und auf die Sterne,
Wie im schlechten Trauerspiel, —

Wo der Held, der viel gesündigt,
Nicht mehr wissend wo aus und ein,
Aller Welt es gemüthlich verkündigt,
Schuld müsse der Himmel wohl sein!

———————

Zur Blumensprache.

Kornblume (Cyanus).

Sei stets wie sie so einfach und zufrieden,
Treu wie das Blau, das sie vom Himmel lieh,
Dann hat Dein Leben Ewigkeit hienieden
Dicht neben Aehrensegen spät und früh.
Dann bleibst Du frei von aller Schicksalstücke,
Einfach und wandellos im sichern Glücke.

Krausemünze (Mentha crispa).

Glück ist kraus, die Münze rollt.
Ach, die Sprache spielt mit beiden;
Krause Münze Niemand zollt,
Wer nicht Unbestand mag leiden.
Glücklich ist dann, wer vergißt,
„Was nicht mehr zu ändern ist."

Kresse (Lepidium sativum).

Kresse sagt: Du bist ungnädig,
Süße Dame meiner Seele.
Daß ich Dir's nicht länger hehle:
Geh' nur fort, ich bleibe ledig.
Bleibt mein Schmerz sich selbst vertraut,
Stirbt er hin und wird nicht laut.

Knoblauch (Allium sativum).

Knoblauch hat sie mir gesendet;
Judenkirsche liegt dabei.
Doppelt von mir abgewendet,
Deuten Ekel alle zwei.

Klette (Arctium).

Ich schließe mich vertrauensvoll Dir an
Und habe dessen keinen Dank und Lohn.
Du schiltst mich einen dreisten Bettelmann,
Mein Liebbedürfniß findet kalten Hohn.

Klatschrose (Papaver rhoeas).

Höre nicht was falsche Zungen
Klatschen über Dich und mich;

Liebesgunst wird nicht erzwungen,
Auch verdrängt nicht, sicherlich!
Klatschroth schlägt der Rosen Roth,
Wahre Liebe siegt im Tod.

Tulpe.

Vogel ohne Töne,
Prangst in Seide, prangst in Sammt,
Bist zur Eitelkeit verdammt,
Prahlend stolze Schöne.
Wie der Pfau, der glanzgeschweifte,
Papagei, der buntgestreifte,
Fühlst nicht einmal was Dir fehle!
Mit dem Duft fehlt Dir die Seele.

Reseda.

Prangest nicht in Sammt und Seide.
In dem unscheinbaren Kleide
Hauchst Du aus die volle Seele,
Unter Blumen Du die Philomele,
Die, dem hellen Glanz entrückt,
Durch Gesang die Welt entzückt.

Jasmin.

Grün schliefst Du ein, und bist am hellen Morgen
Schneeweiß in vollen Blüthen aufgewacht.
Drum, liebe Seele, laß von Furcht und Sorgen,
Du siehst ja: Gott bescheert es über Nacht.

Schwarzdorn (Rhamnus fragula).

Der Lenz ist da, von Blüthen prangt der Garten;
Willst zögern noch und die Entscheidung flieh'n?
Die Liebe ruft; worauf noch willst Du warten?
„Ich wart' auf Sturm; ich kann im Schmerz nur blüh'n!"

Aurikel (Primula auricula).

Freundlich hat Dein Auge mich gegrüßt.
Reimt sich Glück auf Blick? Wer will's bestreiten?
Dennoch, eh' mich nicht Dein Mund geküßt,
Wag' ich nicht die Blicke mir zu deuten.

Grashalm.

In tausend Farben — gaukelvolles Spiel! —
Prangt Wald und Flur, daß uns die Sinne schwirren.
Ich fordre einfach, denn nichts soll mich irren:
Sag' ohne Blume deutlich Dein Gefühl!
Ach, wie im Menschen-, so im Blumenleben
Trügt oft der Schein, spricht man nur durch die Blume.
Drum rechn' ich, armer Halm, es mir zum Ruhme,
Will nackt ich Wahrheit fordern und auch geben.

Schneeglöckchen. (Galanthus nivalis).

Der erſten Liebe zarte Blüthe
Haſt Du in meiner Bruſt geweckt.
Daß Gott mich treu und ſtill behüte,
Hat mich des Winters Schnee gedeckt.
In ſcheuer Hoffnung bangen Sorgen
Zog mich die Liebe heimlich groß,
Bis nun der erſte Frühlingsmorgen
Erfüllt mein ſtill erſehntes Loos.

Immergrün (Vinca major.)

„Ach, daß ſie ewig grünen bliebe,
Die ſchöne Zeit der erſten Liebe!"
So wiegt Ihr Euch mit Euren Reimen,
Mit eitlen Wahnes leeren Träumen,
Im Spiegelbild des eignen Seins.
Das Immergrün in Winterzeiten,
Es deutet Euch auf Ewigkeiten
Und iſt doch nur ein Bild des Scheins.
Steig' nieder in die Gruft und ſtrecke
Dich in des Winters eiſ'ge Decke,
Bis Dich der Lenz erſtehen läßt!
Was immer grün, lebt ungeſtorben;
Doch nur wer ſich den Tod erworben,
Feiert ein Auferſtehungsfeſt!

Sub rosa.

Flicht die Rose Dir in's Haar;
Was Du sprichst, bleibt dann sub rosa.
Lispe nur; es wird mir klar,
Sei's in Versen, sei's in Prosa.
Wagst es nicht zu sagen laut?
Brauchst das Köpfchen nur zu neigen:
Was sub rosa still vertraut,
Werd' ich wie ein Grab verschweigen.
Komme, was da kommen will:
Dornen sollen mich nicht schmerzen,
Bett' ich Dein Geheimniß still
„Unter Rosen" tief im Herzen.

Die Species der Rosen.

Die rothe Knospe fragt Dich still bescheiden:
Sprich, darf ich hoffen? Ist Dein Herz noch frei?
Giebst Du mir gelbe Rosen: —Gelbe neiden
Das Glück der Liebe und sind selten treu.
Die rothe kann es hundertblättrig deuten:
Du mein, ich Dein; wohlan, so komm, es sei!
Die wilde klagt: Will Niemand mich erbeuten?
Die gelbe zweifelt jeden Tag auf's neu'.
Der Stängel spricht: Thor, bist Du eifersüchtig?
Giebst Du den Stängel mir: Er ist voll Dornen;

Sollen sie grausam bis auf's Blut mich spornen?
Ach, daß Dein Sinn so wankelhaft, so flüchtig!
Ich blute tief; soll ich, kann nichts es wenden,
So roth ich bin, wie weiße Rosen enden? —
Doch, muß im Tode auch die roth' erblassen,
Will sie's Dir noch in Thränen hinterlassen,
Im schmerzgepreßten Oel und seinem Duft,
Daß Liebe stärker ist als Grab und Gruft.

Nelke (Dianthus).

Man sagt Dir, im Genusse sterbe
Der Liebe Sehnsucht immerdar.
Daß Liebe Dauerkraft erwerbe,
Wird in der Nelke offenbar.
Zwar reimt „verwelken" sich auf Nelken:
Ich sterbe, wirst Du niemals mein!
Und wenn des Herzens Kräfte welken,
O merke auf, die Schuld ist Dein.
Ist dieser Rausch gewürziger Düfte
Vergänglich nur wie Traum und Schaum,
Dann öffnet euch, ihr Todesgrüfte,
Begrabt mich tief in Zeit und Raum.
Dann ist es nur ein Spiel gewesen,
Das sich zum Spott das Herz erfand,
Dann sind der Erdenschöpfung Wesen
Atome ohne geistig Band.

Dann seid Ihr todt für die Narkose,
Die in der Nelke Euch umwebt,
Dann ist es aus auch mit der Rose,
Die, todt, doch noch im Oele lebt.
Dann haben Eures Zweifels Mienen
Den Duft der Seele nie erkannt,
Dann ist der Geist Euch nie erschienen,
Und bot Euch nie ein Unterpfand.

Weinlaub.

Nimm's nicht so ernst, sagt man: die Rebe weint!
Will mein Gefühl für Dich in Tropfen fließen,
Nur Sehnsucht ist's, in Dich mich zu ergießen,
Mein Selbst in Deines, bis die Lieb' uns eint.
Die Rebe blüht auch. Würzevoller Duft,
Wer möchte nicht in Dein Arom versinken!
Doch hör' mich an: ich lebe nicht von Luft,
Ich möchte heiß von Deinen Lippen trinken.
Nicht Laub, nicht Blüthe, nicht die Traube stillt
Mein Durstverlangen, das Erhörung fodert.
Ich will, so tief wie mir's im Herzen quillt,
Das Feuer schlürfen, das im Weine lodert.
Ja Liebchen, lache nur: der Winzer preßt —
An meinem Herzen find'st Du Deine Kelter.
Der Most ist süß; doch nur wer gähren läßt,
Hat wirklich Wein, je feuriger, je älter.

Dornbusch und Feige.

Feig' und Dornbusch an der Hecke
Hielten einst ein Zwiegespräch.

Sprach der Dornbusch: „Hör', ich necke
Jeden Pilger hier am Weg.
Du, Du lässest Dich noch plündern,
Raschen jeden Wandersmann,
Bietest diesen Menschenkindern
Deine besten Früchte an!" —

Spricht zum Dornbusch dann die Feige,
Wie der Dichter zur Kritik:
Flickst Du ihnen was am Zeuge,
Thu' es nur mit mehr Geschick!
Meine Früchte muß ich spenden,
Denn ich habe Ueberfluß;
Du mit Deinen gier'gen Händen
Schmachtest doch wie Tantalus. —

„Gute Thörin! Meine Krallen
Halten sie am Kleide fest;
Sieh', ich nehm' Tribut von allen,
Keiner, der nicht Wolle läßt!" —

Rühmest Dich noch Deines Raubes?
Schaffst dem Menschen Gram und Leid.

Mit den Blättern meines Laubes
Schafft' ich ihm sein erstes Kleid,
Du, Du reißest mit Ergößen
Allen ab ein Stück vom Leib:
Sag, was machst Du mit den Fezen?
— „Reißen ist mein Zeitvertreib."

Die Rebe „weint".

Der Weinstock klagte einst im Paradiese,
Daß rings der Blumenflor in buntem Kranz
Zum Lenz sich schmückt, in Wald, in Feld und Wiese,
Nur seine Blüthe ohne Farbenglanz.

Die Rebe weint. Es war die erste Thräne,
Die schon im Paradiese ward geweint.
Ein Engel kam und sprach: O Thörin, wähne
Doch nicht, daß Glück mit eitler Pracht sich eint!

„Nicht Aschenbrödel will ich sein im Leben!"
So sprach die Rebe, seufzte schwer und tief,
„Nicht weiß ich, könnt Ihr nicht Ersaß mir geben,
Weshalb der Schöpfer mich in's Dasein rief!"

Sie rang die Hände, wand sich bang im Kreise
Und hielt sich weinend an der Ulme fest.
Da sprach der Engel, lächelnd still und weise;
Du, Liebling, bist des Paradieses Rest!

Aus Deinen Schmerzen werden Freuden sprossen,
Wie sie noch nie ein Menschenherz gefühlt.
Es wird in Thränen, die Du je vergossen,
Jedweder Schmerz, so heiß er ist, gekühlt.

Ein Lethe sei Dein Naß für jeden Kummer,
Wenn Alle einst dies schöne Eden flieht,
Ein Nektar, der die Seele wiegt in Schlummer,
Die dann im Traum das Paradies noch sieht.

Dein Saft wird Balsam sein für alle Wunden,
Gesunkne Kraft in Dir neu aufersteh'n,
An Deinen Tropfen soll der Mensch gesunden,
In seinem Gram kein Edler untergeh'n! —

Der Engel sprach's und hauchte still und leise
Dem Weinstock ein geheimes Wort in's Ohr.
Dies eine Wort stammt aus dem Geisterkreise,
Der von der Erde sich seitdem verlor.

Aus ihren Thränen, die die Rebe weinte,
Steigt uns noch heut ein Eden neu empor,
Und das Geheimniß, das der Engel meinte,
Wir machen's kund mit Herz und Hand im Chor.

Kennt Ihr des Engels still geheime Beichte?
Freiheit und Gleichheit macht die Brüder kund,
Und jede Sorge, die die Wange bleichte,
Ein Engel küßt sie fort von unserm Mund.

Im Paradiese galt der alte Glaube,
Daß alle Wesen brüderlich verwandt.
Auf daß kein böser Geist ihn fürder raube,
Setzt, Brüder, rasch, die Lippen an den Rand.

Und hört Ihr's flüstern in der tiefsten Tiefe,
Denkt, daß ein Engel Euch mit heil'gem Mund
Zurück in's alte schöne Eden riefe;
Drum, Brüder, trinkt, trinkt aus bis auf den Grund!

Unterschied der Stände.

Bist Du Sonnenblume,
Blicke hoch hinauf —
Doch nicht Dir zum Ruhme! —
Nach der Sonne Lauf.

Bist Du Veilchen, drück' Dich
In Dein Blättergrün,
Halte still und bück' Dich,
Laß die Sterne zieh'n.

Ob zu Glanz und Freuden
Du Dein Haupt erhebst,
Ob Du tief bescheiden
Deine Düfte webst;

Ob Du goldnen Samen
Sonnest an der Luft,
Ob Du ohne Namen
Still verblühst in Duft:

Wirk' in Deinem Kreise
Neidlos ohne Zwist;
Treu in Deiner Weise
Sei nur was Du bist!

Palme und Moos.

Aus der Erde tiefstem Schooß
Stammt ihr beide, Palm' und Moos.
Auf Jahrhunderte gewiesen
Sei's am Cap, in Paradiesen,
An des Eismeers starrer Fluth,
Wie in Indiens Feuergluth,
Vom Aequator und vom Pol
Beide seid ihr uns Symbol,
Wie euch Süd und Nord bereiten,
Sinnbild treuer Ewigkeiten.

Alles eins. Euch deutet beide,
Sei er Christ und sei er Heide,
Daß im Wechsel ein Bestand.
Wie sich auch die Palme strecke,
Gutes Moos, in deine Decke
Hüllst du selbst die steilste Wand.
Stolze Palme, niedrig Moos,
Was zerfällt, ihr überragt es;
Alles stirbt, nur ihr, ihr wagt es,
Gebt selbst Trümmer noch nicht los.
Geht Dein Leben stolz zur Neige,
Bringt man Dir die Palmenzweige,
Stammst Du aus des Volkes Schooß,
Nimmt man eine Handvoll Moos.

———————

Lieb' und Freundschaft.

Als Vorwort.

Könnt ihr euch nur halb verrathen,
Wird man euch nur halb versteh'n;
Nur für offne, volle Thaten
Kann ein Richterspruch ergeh'n. —

„Und warum nicht ganz verhehlen,
Was Du halb verschweigen mußt?
Sing' uns, was in tausend Kehlen
Wiedertönt in Leid und Lust!

„Sprichst ja doch in Prosa offen
Von dem Weh der ganzen Welt!
Ihr Verzweifeln und ihr Hoffen
Ist was in die Schaale fällt!"—

Und doch giebt's im armen Leben
Stillen Harm, verstohlnen Schmerz,
Und auch der will kund sich geben,
Soll nicht bersten Dichters Herz, —

Nächte, die kein Stern durchleuchtet,
Töne, die kein Wort Euch nennt,
Herzenskummer, still gebeichtet,
Den Ihr kaum nur ahnend kennt,

Halb gestanden, halb verschwiegen,
Namenlos in Schmerz und Lust,
Scheu dem Labyrinth entstiegen,
Das da wühlt in unsrer Brust.

Liebesduett.

Zweiundzwanzig Elegien.
(Berlin 1834.)

~~~~~~~~~~

1. Der Gefangene.

Weckt mich nicht aus meinen Träumen,
    Ach! der Schlummer ist so süß!
Und in goldgewirkten Säumen
    Wogt und webt mein Paradies.

Was ich weiß, — ich will's nicht wissen,
    Was ich glaub', ist Seligkeit,
Und die Täuschung zu vermissen
    Wär' mein tiefstes Herzeleid.

Nicht den Augen will ich trauen,
    Dämmerlicht ist wundersüß;
Nicht in's Helle mag ich schauen:
    Laßt mich still im Burgverließ.

Goldumsponnene Gitterstäbe
Schmücken meine Kerkerwand,
An dem Fenster schmiegt die Rebe
Sich hinauf zum Dachesrand.

Seht! so sitz' ich hier im Dunkeln,
Selbst den Himmel schau' ich nicht;
Aber Sterne seh' ich funkeln,
Und ich fühle Glanz und Licht.

Wenn sich meine Augen schließen,
Seh' ich nur ihr sanftes Bild;
Duft und Dämmerung umfließen
Meine Seele warm und mild.

2. Stille und Bewegung.

Der Gesträuche Balsamfluthen
Wogten durch die Gartenflur,
In der Sonne dunklen Gluthen
Schwamm und bebte die Natur.

Tief betäubt von würz'gen Düften
Hängt der Kelch der Blume schwer,
In den angstbeklommnen Lüften
Regt kein Athem sich umher.

Müde von dem Sonnenwege,
　　Der sich nach dem Walde bog,
Standen wir im Laubgehäge,
　　Das die Wölbung um uns zog.

Und sie saß im grünen Schatten,
　　Der nur wenig Kühlung gab,
Und die brennend heißen Matten
　　Schwiegen wie ein tiefes Grab.

Alles still. Auch mir im Herzen
　　Wogte stumm ein Feuerbrand,
Ob in Lust, und ob in Schmerzen,
　　War mir selber unbekannt.

„Himmel! welche Todtenstille
　　Drückt uns, sprach sie, denn so schwer!
Mitten in des Reichthums Fülle
　　Scheint die Welt mir plötzlich leer!"

Und sie sprang und hüpft' und lachte
　　Jubelnd in den Wald hinein,
Bis das Echo rings erwachte
　　Fern wie stille Bergschalmei'n.

Wo sie hinflog, wogte Regung,
  Und ich haschte sie im Lauf;
Eine bebende Bewegung
  Taucht' in allen Blumen auf.

Und die Geister in den Blüthen
  Gaukelten aus ihrem Traum,
Und die Abendstrahlen glühten
  Sanfter von dem Bergessaum.

.

3. Erstes Duo.

„Sag', was willst du, guter Schäfer?"
  Sprach sie und entwand sich mir.
„Und gesteh' es, stiller Schläfer,
  Wachst du oder träumst du hier?"

„Laß mich bei des Abends Schwühle,
  Deine Hand ist brennend heiß:
Warte bis zur Morgenkühle, —
  Weiß ich doch schon was ich weiß!"

„„Du nur kannst die Gluth verscheuchen,
  Lindern meiner Seele Pein!
Willst Du mir die Hand nicht reichen:
  Gönne mir's, Dir nah zu sein.

Schneeweiß glänzen Deine Flügel,
　　Täubchenzartes Mädchenbild!
Wie der Wind vom Morgenhügel
　　Bebt Dein Athem frisch und mild."'

4. Ueberraschung.

Und sie bot der duft'gen Wangen
　　Zarten, pfirsichweichen Flaum,
Und im drängenden Verlangen
　　Stand ich zitternd wie im Traum.

Ach! sie bot worum ich flehte,
　　Ihrer Huld beglückte Lust:
Plötzlich wie der Frühling wehte
　　Mir ihr Hauch aus tiefster Brust.

Kühlste Stille im Gemüthe —
　　Und nun plötzlich Hocherguß!
Und der Lippen Kirschenblüthe
　　Wölbte sich zum Wonnekuß.

Warum zittern, warum beben?
　　Liebeshuld ist kurz und süß:
Wem's die Götter plötzlich geben,
　　Schaut das schönste Paradies.

12

Ach! ich sann und konnt's nicht fassen,
　　Daß das ferne Glück so nah, —
Und im tödtlichen Erblassen
　　Saß ich wie ein Bildniß da.

Meine Pulse hielten stille,
　　Und der Athem stockte tief,
Meiner Seele regste Fülle —
　　War es doch als wenn sie schlief.

Und sie bog sich rasch von hinnen,
　　Und ihr Lächeln wurde Schmerz,
Eine Perle sah ich rinnen,
　　Und geschlossen war ihr Herz.

Ihre Perle lockte Fluthen
　　Mir aus der erwachten Brust:
Alle Bäche, die da ruhten,
　　Quollen auf zur Liebeslust.

Stürzt' ich auch zu ihren Füßen,
　　Ach! sie wandte still sich ab: —
Soll ich denn nun ewig büßen —
　　Ewig bis zum stummen Grab?

5. Abendfeier.

Wir saßen vom Laubdach tief umschirmt,
Der Himmel war rings von Wolken umthürmt,
    Der Mond, er drückte die Augen zu:
    Wir wünschten ihm 'ne gute Ruh.

Und mußte das Dunkel uns so umfließen,
So durften die Herzen sich frei ergießen:
    Da haben wir manches uns gesagt;
    Im Sonnenschein hätt' ich's nicht gewagt.

Es rollten die Locken vom schönen Haupt;
Wie ein Rosenbusch saß sie reich umlaubt.
    Und wie ich geküßt die dunklen Locken,
    Da wollt' es mich weiter noch verlocken!

Der Stern des Auges hält streng Gericht;
Doch ich schaute nicht mehr ihr Augenlicht.
    Ich hörte der Nachtigall süßes Flöten —
    Ich sah nicht mehr ihr stilles Erröthen.

6. Duo.

Ach! Du schaust mir in die tiefste Seele;
    Sag mir, Holde, was erspäht Dein Blick?
Sahst Du meine Tugend, meine Fehle —
    Nimm was drinnen ist und gieb's zurück.

„O! ich sehe nur ein gährend Feuer;
    Mensch, Du bist nicht fromm, bist jäh und wild
Tief im Innern ist Dir's nicht geheuer,
    Deiner Wünsche Maß ist unerfüllt."

Laß mich, Holde, drum noch länger schauen,
    Gönne mir Dein süßes Sternenlicht,
Das der dunklen Nacht geheimstes Grauen
    Mit dem Strahl der Gnade still durchbricht.

„Weh, Du Mann, vor Deinem dunklen Blicke
    Löst sich mir ein feuchter Thränenthau.
Ach! in unsrem trauten Liebesglücke
    Wölbt sich uns der Himmel nicht mehr blau."

Laß uns doch die tiefste Nacht umdunkeln,
    Wo nur Liebesschmerz und Kummer wohnt;
Wird kein Himmelsstern uns mehr umfunkeln,
    Wandelt doch Dein Auge drin als Mond.

„Dunkler Mann, ich sah Dich nimmer lächeln,
    Ist Dir ewiger Schmerz so eng vertraut?
Sprichst mir ja, daß Engel Dich umfächeln,
    Und doch wird die Freude niemals laut!"

Schau mir nur bis in mein tiefstes Leben,
  Gönne mir's, und halte treu und fest,
Alles Nachtgeflügel wird entschweben,
  Wenn Du Deine Sterne leuchten läßt.

7. Sprach sie zu mir:

Nein, Du darfst Dich nicht anklagen,
  Du bist ewig warm und gut.
Meine Küsse dürfen's sagen,
  Daß in Dir mein Himmel ruht.

Bist Dein eigener Verräther,
  Wenn die Lust durch Schmerzen bricht:
Hinter dem umwölkten Aether
  Lacht der Sonne treues Licht.

Nein, ich kenne Dich im Glücke,
  Kenne Dich im tiefsten Harm,
Und ich weiche nicht zurücke
  Vor der Nachtgespenster Schwarm.

Deine dunkelsten Ergüsse
  Waren lieb und treu und gut,
Deine fieberhaften Küsse
  Brannten eine ewige Gluth.

Zieh in Zweifel meine Scherze,
    Ob es nicht blos Täuschung war;
Aber trau' dem düstern Schmerze:
    Schwermuth spricht nur treu und wahr.

8. Sprach ich wieder zu ihr:

Weib, Du kennst ja alle Mächte,
    Alle Träume rufst Du wach,
Und die Wunder dunkler Nächte
    Wechseln mit dem lichten Tag.

O so laß mit Wechseltönen
    Heilig süßer Melodien,
Um die Welten zu versöhnen,
    Uns durch's weite Leben zieh'n.

Alle Sphären zu durchfliegen,
    Wundersamster Hochgenuß!
Streiten, sühnen — kämpfen, siegen, —
    Ewiger Fried' im ewigen Kuß!

9. Unisono.

Ich bin nicht ich mehr, wenn ich Dich erblicke,
    Du bist nicht Du mehr, schaust Du mir in's Herz,
Und ach! in diesem süßen Wechselglücke
    Zerfliegt die stille Seele himmelwärts.

Im Rausch der Liebe zähl' ich keine Stunden,
　　Im Rausch der Seele giebt es keinen Raum.
Vergangenheit und Zukunft sind verbunden,
　　Und Alles, selbst die Gegenwart, ist Traum.

Und ist es aus mit unsrem Traumesleben,
　　Auch jenseits finden wir nicht Raum noch Zeit,
Kein Ich, kein Du, — in Gottes Schooß entschweben
　　Wir alle still in alle Ewigkeit.

Dort werden wir uns bald zurechte finden:
　　Wir wissen hier schon wie das All zerfließt,
Und wie die Leuchten dieser Welt erblinden,
　　Wenn sich das Herz dem Herzen tief erschließt.

10. Auferstehung.

All dies göttergleiche Leben,
　　Diese himmelstrunkne Lust,
Meiner Fibern heilig Leben,
　　Sonn' und Mond in tiefster Brust —

Meiner Wangen Glanzerröthen,
　　Meine Stirn so licht, so hell,
Meiner Seufzer leises Flöten,
　　Meiner Thränen Freudenquell —

Sprich, gabst Du mir alles dieses,
    Maßest Du so reich, so voll?
Krone meines Paradieses,
    Dir gebührt des Dankes Zoll.

Alle meine Geister schwiegen
    Tief im Busen starr und todt:
Ich bin aus mir selbst gestiegen
    Frei zum lichten Morgenroth.

Meine Kerker sind entriegelt:
    Stumm sinkt meine Nacht hinab,
Meine Seele ist beflügelt
    Und erlöst aus ihrem Grab.

Christus ist mir auferstanden,
    Wie er stieg zum Himmelszelt,
Und aus meinen dumpfen Banden
    Schweb' ich frei durch alle Welt.

11. Metamorphose.

Sprach sie dagegen:

Auch mir hast Du den Erlöser gebracht;
    Meine Seele lag tief in der Wiege,
Das Kind schlief still, — nun ist es erwacht,
    Nun kennt es die Himmelsstiege.

Wir steigen wohl auf und niederwärts
    Durch aller Welten Räume,
Es jubelt und weint und lacht das Herz
    Und macht sich bunte Träume.

Es blieb der Traum, obschon ich erwacht —
    Wir wachen — und träumen doch immer;
Es schwand die Sabbathstille der Nacht
    Mit ihrem Friedensschimmer.

Es zogen wohl Schmerzen in meine Brust,
    Und früher kannt' ich nur Freuden,
Und doch! wer tauscht nicht für stumme Lust
    Der Liebe geschwätzige Leiden!

12. Mußt' ich wieder reden:

O wundersamer Liebesrausch,
    Wer faßt dein geheimstes Leben?
Unnennbar süßer Seelentausch,
    Wie deine Zauber weben!

Du gabst Dich mir, ich gab mich Dir
    Im Wechselspiel der Liebe,
Daß Lust und Leid nun für und für
    In ewiger Eintracht bliebe.

Es brach Dein stiller Kindertraum
    Vor meinem Schmerz zusammen,
Und unsrer Freude Weihnachtsbaum
    Steht doch in hellen Flammen.

13. Ziel des Lebens.

Alles strebt zum hellen Lichte
    Und sinkt dann in seine Nacht,
Das Geschehene zum Gedichte:
    Das ist seine Zaubermacht.

Was nicht Lied wird und Gedanke,
    Wuchert hin und wuchert her;
Wie es sich auch mühsam ranke:
    Eignes Sein erringt es schwer.

Aus des Chaos dunkler Gährung
    Ringen sich die Stoffe los,
Und zur seligsten Verklärung
    Lockt der Liebe süßer Schooß.

Alles sehnt sich zum Genusse,
    Das ist alles Strebens Ziel,
Und im innigsten Ergusse
    Stirbt der Seele Dranggefühl.

Schwäne zieh'n im ruhigen Gleise
　　Sanft vermählt und sehnsuchtsstill,
Und die Woge schmiegt sich leise,
　　Wunderseltsam tief und still.

Lauschend schweigt der Winde Kosen,
　　Bebend liegt die Welt im Traum,
Dunkler röthen sich die Rosen,
　　Und die Espe zittert kaum.

Ist das Freude? ist das Trauer? —
　　Schweig, ich weiß es selber nicht;
Das ist Liebesandachtschauer,
　　Das, Natur, ist dein Gedicht.

14. Sprach sie zu mir:

Laß mich zittern, laß mich beben,
　　Aber zweifle länger nicht,
Daß ich mein geheimstes Leben
　　Dir geweiht zu süßer Pflicht.

Lippen, Herz und Mund und Wangen,
　　Und der Seele tiefster Schooß —
Eint mit Dir sich im Verlangen;
　　Dich zu lieben ist mein Loos.

Deine Zweifel können tödten —
　　Und doch wär' ich sterbend Dein:
Sieht die Nacht nicht mein Erröthen,
　　Kann ich frei und offen sein.

Du zerstörst mir meinen Himmel,
　　Mühst Dich selbst in bittrer Qual, —
Jage fort Dein Angstgewimmel,
　　Sei doch fromm und still zumal!

Küss' ich Dich, so muß ich zittern,
　　Denn Dein Athem glüht und bebt:
Warum soll es denn gewittern,
　　Wenn die Sonn' uns hell umschwebt?

Nasche doch vom Glück der Stunden,
　　Zukunft liegt mir viel zu weit:
Als ich Dich, Du mich gefunden,
　　Der Moment hat Ewigkeit.

15. Nachtgeheimniß.

Andächtig lauschend, sinnend still versunken,
　　Als wenn ein ferner Geisterton mich rief,
Hab' ich am Liebesurquell tief getrunken,
　　Berauscht, betäubt, als wenn die Seele schlief.

Geheimnißvolles Licht! dein Sterngefunkel,
  Ich sah es wogen leis' im Dämmerschein.
Es war mir hell im nächtlich stillen Dunkel,
  Ein süßer Schauer floß durch mein Gebein.

So sind die Schranken alle denn entriegelt,
  In's Bad des Lebens taucht' ich wonnescheu,
Der Räthsel räthselvollstes liegt entsiegelt,
  Ein altes Wunder und doch ewig neu.

Ich glaubte sonst, die Welt sei dumpf verschwiegen:
  Nun hat sie ihr Geheimstes ausgehaucht;
Den Schooß des Daseins seh' ich offen liegen,
  In den sich meine Seele tief getaucht.

Nun weiß ich, was den Lauf der Sterne zügelt:
  O süß Empfängniß, heilig, wunderbar!
Nun weiß ich, wie zur Brautnacht still beflügelt
  Gott und Natur verschmilzt auf immerdar.

16. Beschämung.

Wer hat die Lippen Dir entbunden?
  Was sprichst Du aus, Du dunkler Mann!
Was ziehst Du unsre Weihestunden
  Zum lichten Tag der Welt heran?

Das ist sonst ungesagt geblieben;
  Selbst denken sollst Du's nicht einmal.
Ach Himmel! einen Dichter lieben,
  Welch' namenlose Herzensqual!

17. Vorschlag.

Laß mich reden, dumpfes Schweigen
  Sprengt des Herzens enge Kluft;
Willst Du mir Dein Ohr nicht neigen,
  Schrei' ich's durch die weite Luft. —

Aber ach! sie senkt die Wimper,
  Nimmt die Zither, schmollt und lauscht:
Mach' Dir doch ein still Geklimper,
  Wenn mein Lied zu üppig rauscht.

Klimpre Du auf Deiner Leier,
  Und ich singe laut und voll;
Das ist doppelt hohe Feier —
  Hält uns auch die Welt für toll.

18. Ewig?

Ich soll's beschwören, ernstlich sagen,
  Ob unser Glück ein ewiges sei?
O Faust, o Faust, mit Deinen Fragen,
  Mit Deiner Spürkraft Grübelei!

Soll denn die Rose ewig blühen?
   Sie reist nur für den Augenblick,
Und wenn die Winde herbstlich ziehen,
   So bleicht sie still und sinkt zurück.

Sie fragt gar nicht nach Blüthendauer,
   Selbst sterbend schwimmt sie im Genuß;
In der Erinnerung süßem Schauer
   Da fühlt sie noch der Biene Kuß.

Fühlt noch des Schmetterlinges Kosen,
   Wenn Blatt und Blume schon verbleicht:
Das ist das Schicksal aller Rosen —
   Und Liebe hat nie mehr erreicht.

19. Höchstes Glück.

Nenne mir der Augenblicke
   Seligsten im Liebesharm!
Denk' an alle Zeit zurücke,
   Wo wir ruhten Arm in Arm.

Welcher aller Hochgenüsse
   Mag für uns der schönste sein?
War's der Wirbelhauch der Küsse?
   War's der Sehnsucht Wonnepein?

War's, wie Du zum ersten Male
　　Mir in's tiefste Herz geschaut?
Oder mit dem Augenstrahle
　　Mir Dein Seelenglück vertraut?

War's, wenn unsre Adern glühten?
　　Oder in der Zweifel Noth,
Ob die Augenblitze sprühten
　　Leben oder Liebestod?

War's, als durch den Thränenschleier
　　Sich Dein Blick in Wehmuth brach?
War's die heilig dunkle Feier,
　　Als die Nacht still um uns lag?

O du tief geheimstes Beben!
　　Ich durchschwelgte all' dein Glück,
Aber Eins im Liebesleben
　　Kehrte niemals mir zurück.

Als Du gabst warum ich flehte,
　　Stiller Blicke Zauberlicht,
Keuscher Morgenathem wehte
　　Um Dein schüchtern Angesicht.

Zitternd reichtest Du die Lippen,
　　Erster Reigung Stillgenuß —
Ach! es war nur scheues Nippen,
　　Reinster Liebe erster Kuß.

20. Da sprach sie unwillig:

O du undankbarer Wähler,
　　Der die Blüthe sich zerpflückt,
Und sich selbst ein ewiger Quäler
　　Seinen Liebestraum zerstückt!

Du — mit Deinem trunknen Herzen
　　Hast den Morgenthau verscheucht,
Der in spielerischen Scherzen
　　Uns die Knospe still gereicht.

Deine flügelschnellen Küsse,
　　Deiner Worte glüh'nder Wein,
Deiner Seele Fluthergüsse,
　　Deine drängend heiße Pein —

Das sind alle die Verräther,
　　Die Dein Erstlingsglück zerstört
Und den frischen Morgenäther
　　In den schwühlen Tag verkehrt.

13

Ach! vom jungen Morgenhügel
    Siehst Du auf die Lerche zieh'n,
Aber matt senkt sie die Flügel,
    Fängt der Himmel an zu glüh'n.

Schnell verstummt sind ihre Lieder,
    Und sie taumelt niederwärts; —
Ach! so klammert mein Gefieder
    Matt und krank sich an Dein Herz!

21. Lebe wohl!

Ich kann es länger nicht verhehlen —
    Ja, wer die Wahl, hat auch die Qual,
Und dennoch will auch ich nun wählen
    Die liebste Speis' am Liebesmahl.

Ist Liebe reicher als das Leben? —
    Ach! Leben zieht sich lang und weit,
Und Alles möcht' in Einem geben
    Der Liebe Lust und Herzeleid.

Die Liebe engt die fernsten Weiten,
    Wie sie das Nächste tröstlich dehnt;
In Einem Blick ruh'n Seligkeiten,
    Die Du auf Erden nie gewähnt.

Was zart und groß, was fromm und düster,
    Und was das Leben bunt umspielt,
Das wird in Einem Kußgeflüster
    Der tiefsten Liebe durchgefühlt.

Nun denn, ihr süßen Liebesflammen,
    Der Welt verborgen, still und scheu,
Ich fass' euch alle noch zusammen,
    Ich fühl' euch alle ewig neu.

Und ob ich nun auch weinend scheide,
    Doch schmeck' ich wie im ersten Glück
All meines Herzens Leid und Freude
    Im letzten Kuß, im letzten Blick.

22. Der lyrische Dichter.

Schlußgedicht.

Er singt sich selbst, er giebt sich hin —
Und wär' auch Höll' und Himmel drin.

Er gab es was er heimlich barg:
Nun sitzt er stumm, nun sitzt er karg.

Ach! mit der Liebe starb sein Lied,
Ein kurzer Lenz hat ihm geblüht!

O furchtbar Loos: der Dichter ist todt,
Der Mensch ist immer noch frisch und roth.

O Nacht, Nacht! wende dich bald zurück,
O Leben! wiege sein dunkel Geschick.

Ach! innen todt und außen blind,
Er tappt umher, ein greises Kind!

Er hat die Ewigkeit geschaut:
Drum sind ihm alle Farben ergraut.

Er war im Glück ein Feuermeer,
Nun ist sein' Hirn verbrannt und leer.

Er war im Glück ein Flammenstrahl,
Er schwelgte an der Götter Mahl:

Und nun — wer liebt, wer duldet ihn hier?
Er wankt, ein Bettler, von Thür zu Thür. —

Erbarmer der Welt, errette mich:
Ich lebte, liebte, litt für dich!

———————

Mein bester Freund.

Er war mir treu auf Bergesgipfeln,
Im Sonnenschein des hellsten Glücks,
Im dunkeln Wald, wo allen Wipfeln
Der Sturmwind drohte hinterrücks.

Er blieb mir niemals etwas schuldig,
Doch hat er mir nie was geschenkt,
Er war stets mild, er blieb geduldig,
Wo Andere mich fast gehängt.

Und wo die Andern mich umschmeichelt,
Da hob er streng den Finger hoch,
Niemalen hat er mir geheuchelt,
Wo alle Welt mir Liebe log.

Ich konnte allzeit auf ihn zählen,
Er folgte mir auf Schritt und Tritt,
Bei jeder Wahl ließ ich ihn wählen,
Er lebte all mein Leben mit.

Und wenn mich Nachts der Schmerz zerwühlte,
Und weinend an dem Lager saß,
War er's, der alles mit durchfühlte,
Mit mir erkrankt', mit mir genas.

Er hat gelacht oft, wo ich weinte,
Wenn meine Thräne Thorheit schien;
Er war's der immer gut es meinte,
Selbst wo er bittern Rath gelieh'n.

War mir Genoß im engen Stübchen,
Blieb mein Gefährt' im Prunkgemach;
Ich nahm ihn heimlich selbst zum Liebchen,
Er war, schlief ich, im Traum selbst wach.

Ich mußt' ihn oftmals bitter hassen,
Weil er so streng, so fest, so wahr;
Doch, sollt' ich einst im Tod' erblassen,
Ich schwör's, daß er der treuste war,

Von allen Freunden der getreuste,
Der es am ehrlichsten gemeint,
Der älteste, der letzt' und neuste,
Von früh bis spät mit mir vereint.

— Und wer es war? Soll ich ihn nennen? —
So einfach auch die Wahrheit scheint,
Fast schäm' ich mich es zu bekennen:
Ich selbst war mir mein bester Freund.

———

Die vier Elemente der Liebe.

I.

Luft wär' meine Liebe
Die nicht haften bliebe
Für die Ewigkeit? —
Ohne Dich zu kränken,
Laß mich's überdenken,
Was Dein Wort mir beut!

Denke Dir das Leben
Ohne Lust gegeben:
Lieb' ist Lebensluft.
Denke Dir die Lenze
Ohne duft'ge Kränze:
Lieb' ist Blumenduft!

Sieh die Erde schweben
Ohne Furcht und Beben,
Nur der Luft vertraut;
Ewig treu getragen
Steht der Sonnenwagen,
Eine Himmelsbraut.

Luft ist auch der Himmel!
All sein Sterngewimmel
Hängt in blauem Duft.
So die Welt bezwingend,
Ihren Leib umschlingend,
Herrscht als Geist die Luft.

Sei Du meine Erde!
Und im Frühlingswerde
Sollst Du ewig steh'n.
Ach mit Liebesbeben
Will ich Dich umschweben,
Dich als Luft umweh'n.

Hörst Du's leise rauschen?
Ew'ge Küsse tauschen
Unter'm Himmelszelt?
Bebend im Verlangen,
Allwärts heiß umfangen
Will ich meine Welt.

Wie die Himmel zittern
Und in Ungewittern
Sich ihr Schmerz ergießt,
Will ich Dich durchdringen,
Deinen Schooß umschlingen,
Wo mein Leben sprießt —

Will Dich sanft umkosen
Und in Deinen Rosen
Träumen süßen Traum.
Zwingst Du mich zum Wüthen,
Schüttl' ich Deine Blüthen
Dir vom Lebensbaum.

Wie die Luft mit Flügeln
Thalwärts und auf Hügeln
Bis zum Sternenzelt, —
So mit Athemzügen
Will ich Dich umfliegen,
Dich, Du meine Welt.

II.

Und nennst Du Feu'r, was mich verzehrt:
So weine um mein Herz,
Bis meine Fackel umgekehrt,
Bis ausgelöscht mein Schmerz:

Sei Du der Thau vom Himmel her
Und kühle diese Gluth,
Sei Du das weite blaue Meer,
Ich tauch' in seine Fluth.

Wie Regen träufle weich und mild
Vom Himmel niederwärts,
Und jeder Tropfen drückt Dein Bild
Mir tief in's heiße Herz.

Und jeder Tropfen eine Welt,
Darin Dein Auge lacht,
Dein Aug', das treulich Wache hält
In dunkler Liebesnacht.

Ein Feuerbrand der Einsamkeit
Verzehrte mich vor Dir;
Nun bin ich todt vor eignem Leid,
Du aber lebst in mir.

Der Millionär.

Meine Küsse willst Du zählen?
Kind, sie sind Ein Strom.
Willst Dich mit dem Schnitzwerk quälen
An dem großen Dom?

In dem Tempel meiner Liebe
Weht ein einz'ger Geist,
Dessen tausendfach Getriebe
Nur gen Himmel weist.

Zähle nicht die Säulenschafte,
Nicht der Schnörkel Zier;
Was die Künstlerhand erschaffte,
Lebt zusammen hier.

Nenne mir der Sternenheere
Millionenzahl!
Zähl' die Tropfen mir im Meere,
Sag': Milliardenmal!

Und so sei's in Lust und Schmerzen
Maßlos ohne Zahl,
Lipp' an Lippe, Herz am Herzen
Viel millionenmal!

Runde Summen liebt die Liebe;
Reich' die Lippe her!
Ob noch Zeit zum Zählen bliebe,
Sehen wir nachher.

In den tausend Himmelszelten
Suche Gottes Spur,
Denn die Millionen Welten
Sind doch Eine nur.

Stundenlanges Lippenbeben
Ist nur Ein Erguß,
Unser süß verschlungnes Leben
Nur Ein Liebeskuß.

Unter hunderttausend Küssen
Dürst' ich nur noch mehr;
Ich bin Rothschild, mußt Du wissen,
Ich bin Millionär.

Aug' und Meer.

Ich sank in einen tiefen See,
    Der Himmel dehnt sich darüber;
Ich rang die Hände wund und weh,
    Die Welten stürzten mir über.

Dein Auge ist der blaue See,
    Der Himmel dehnt sich darüber,
Ja, meerestief ist Liebesweh,
    Die Wellen stürzen mir über.

O läg' ich still im Meeresschooß,
    Bis daß ich friedlich entschliefe!
Doch ach, die Welle reißt mich los
    Hinauf aus dunkler Tiefe.

Da lieg' ich dicht am Meeresschlund
    So still, so bleich und so todt;
Doch Sonne küßt mir Herz und Mund
    Und küßt die Wange mir roth.

O sei Du mild wie Sonnenlicht
    Und neig' die Lippen herüber,
In's tiefe Meer versänk' ich nicht,
    Die Wellen stürzten nicht über.

An Frau O. v. G.

(Dresden 1856.)

Der Winter kommt. Mit seinem Schnee und Eise
Bedeckt er Flur und Wald, und auch Dein Haupt.
Doch tief im Innern webt's unsterblich leise,
Es lebt der Baum, des grünen Blatts beraubt.
So hütest Du am Herde Deine Flammen
Und brauest Dir am Hausaltar den Thee,
Rückst am Kamin die Sessel traut zusammen
Und überdauerst Winters Sturm und Weh.
Die Menschenwelt ist reich an Surrogaten;
Kannst Du Italiens Sonne nicht entrathen,
So wärme Dich an Nordens Phantasien,
Laß China's grünes Blatt im Topfe glüh'n!
Was fehlt Dir noch? Die Freunde sind geblieben:
Nur mußt Du, wie den Thee, die Freunde sieben!

2. Erin go bragh!

(Dresden 1857.)

Versenke Dich in alter Zeiten Träume,
Steig' nieder in Dein altes Jugendland,
Für das so buntgewebte, goldne Säume
Die Phantasie um Deine Stirne wand.
Blieben vom Meeresrausch nur eitle Säume? —
Das Unglück macht die Herzen wahlverwandt!
Irlands Rebellen reichten uns die Hand,
Es tönt noch leis' ihr Wort durch Grabesräume.
Shamrock ist welk, vergebens all die Thränen,
Die Du um Padd und Irland einst geweint.
Das Schicksal hat die Hoffnungen verneint,
Wir zwingen's nicht, wie heiß wir es ersehnen.
Das grüne Kleeblatt gilbt. Irland für immer:
So riefen wir und blickten doch auf Trümmer!

An Frau Lilla v. Bulyovszky.

(Als Shakspeare's Julia in ungarischer Sprache.)

Was groß und schön, es tönt in allen Zungen,
Die Sonne spiegelt sich in jedem Strom.
So ist ein Wiederhall aus Shakspeare's Dom
Bis in die Pußten Ungarns hingedrungen.
Wenn, was einst heilig, schön und groß gewesen,
Unsterblich lebt in aller Völker Mund,
Laut wiedertönt im weiten Erdenrund:
Dann wird es Pfingsten sein für alle Wesen.
In Deiner Sprache fabelhafter Pracht
Voll Wetterleuchten und voll Säbelklirren
Hört' ich Dich Juliens Klagelaut ergießen.
Hätte der Britte ungarisch gedacht,
Wie rasche Pfeile durch die Lüfte schwirren:
Er würde Dich als Julia begrüßen.

An F.

1.

O laß mich Nachts auf meiner Sünden Pfühl,
Das ich benetzt mit bittrer Reue Thränen,
Aufschau'n zu Dir im bangen Angstgefühl,
Laß mir mein Hoffen, meines Herzens Sehnen!

Laß mir mein Hoffen, daß ein Engel einst
Die Binde mir vom dunkeln Auge löse,
Daß Du sie alle noch um Dich vereinst,
Nicht ewig scheiden willst, was gut, was böse.

Die Leidenschaft, „die selbst sich Leiden schafft,"
Ließ thun mich, was ich vor mir selbst verdamme.
Was böse schien, — es war nur irre Kraft;
Was gut, fiel nur als reife Frucht vom Stamme.

2.

Beichten möcht' ich meine Sünden,
Beugen tief mein Herz vor Dir,
Laß mich jenseits Gnade finden,
Sühn' und Frieden für und für.

Laß im dunkeln Weltgetriebe,
Will mir schwinden Kraft und Muth,
Laß mich seh'n auf Deine Liebe,
Nimm mich still in Deine Hut.

Mußtest Du gen Himmel steigen?
Ließest Deine Kinder hier.
Mußt Du dulden, mußt Du schweigen
Selbst an Gottes Himmelsthür?

Wolltest Wohnung uns bereiten,
Die Dich suchen nah und fern,
In des Himmels Seligkeiten,
Auf des Himmels schönstem Stern?

Halte Wache an der Pforte,
Wo Du Deine Palme schwingst,
Dir und uns zum sichern Porte,
Wenn Du uns herüberwinkst!

An Frau J.

1.

Nach ihrem Tode.

————

Komm, Du, und sag' mir, heilig stille Nacht,
Und laß mich's Dir und Deinen Sternen klagen:
Wo habt Ihr meine Theure hingetragen,
Die wie ein Schutzgeist mich bisher bewacht?
Wo such' ich sie in all den Finsternissen?
Wo find' ich nun ihr helles Augenlicht,
Das still und mild die Nebel all durchbricht?
Mir ist die Harmonie der Welt zerrissen.
Sonst macht die Klugheit scharf und schneidend kalt,
Verstand zertheilt: sie wußte zu verbinden,
Versöhnung mitten in dem Streit zu künden,
Sie gab so Vielen tiefen, festen Halt;
Der Zwiespalt floh vor ihrem sichern Frieden: —
Verklärter Geist — das war sie schon hienieden.

————

2. Nach Einsicht in ihre Tagebücher.

Und dennoch Sturm in dieser reinen Seele?
Und dieser Friede, dennoch schwer erkämpft?
Ein heimlich Feuer, mühsam nur gedämpft,
In diesem Herzen ohne Sünd' und Fehle?
Fern von der Leidenschaft blutrothen Gluthen,
Und doch nicht frei von Qual und tiefem Weh,
Der Abendsonne Glanz im stillen See,
In dessen Schooß des Tages Stürme ruhten!
Du Spiegelbild der reinsten Seelengüte,
Hast auch gezittert, ob Dich Gott behüte,
Du tief und still, Du sanft bewegtes Herz!
Nun Deine Harmonien uns verklungen,
Nun wissen wir's: Dein Friede war errungen,
Dein Sieg erkämpft; so gingst Du himmelwärts.

Könnt' ich zurück sie rufen aus der Tiefe,
Sie mir erbitten vom allmächt'gen Tod!
Ich ruf' nach ihr in bittrer Herzensnoth,
Und riefe gern bis sie mich selber riefe.
Ein Viertelhundert Jahre meines Lebens,
Sie sind nicht denkbar ohne ihre Huld:
Bin ich gerecht vor Dir und frei von Schuld?
Ich frage Dich: ist all mein Ruf vergebens?

— „Nicht Worte hatt' ich viel auf meinen Lippen,
„Ich durfte nur vom Kelch der Freude nippen,
„Unausgetrunken blieb mein Lebensglück!" —
So hör' ich's flüstern an der Grabespforte:
Sind es die Seufzer ihrer letzten Worte?
Verlornes, ach, bringt uns kein Gott zurück.

„Lebt weiter, setzet fort mein eigenes Leben,
„Vollendet, was in mir nur Bruchstück war:
„Dann wird mir Gott die Summe voll und baar,
„Die ganze Krone der Verheißung geben.
„Dann leb' ich fort in Eurem besten Streben,
„Dann werd' ich unter Euch unsterblich sein.
„Eu'r bestes Thun sei Euer und sei mein,
„Dazu wird segnend Euch mein Geist umschweben!"
— So tönt' es fort an ihres Grabes Schlunde;
Ein Engel sprach's mit seinem heil'gen Munde,
Das Herz erzitterte, selbst als er schwieg.
Wir wissen jetzt, wo wir sie suchen müssen,
Selbst wenn wir nur den Saum des Kleides küssen,
Das sie uns ließ, da sie gen Himmel stieg.

Kleine Lieder.
An H.

~~~~~~~~

I.

Bist Du Fisch mehr oder Blume,
Vogel oder Traumgestalt?
Bild in Gottes Heiligthume,
Oder Quell im stillen Wald?

Flatternd hängst Du mir am Herzen,
Trinkst mein warmes Lebensblut,
Singst und springst in tausend Scherzen,
Wandelst Dich in Fluth und Gluth.

Summst als Biene mir im Hirne,
Flötest mir als Nachtigall,
Schwingst Dich unter die Gestirne,
Bist mir nah und fern im All.

Heimlich still jetzt, treu geborgen,
Plötzlich wieder himmelweit, —
Machst mir tausend süße Sorgen,
Traumgestalt voll Wirklichkeit.

II.

Bleib nur still an meinem Busen hangen,
Glück und Schweigen sind sich hold,
Sagt Dein Blick doch alle Dein Verlangen,
Red' ist Silber, Schweigen Gold.

Sei das Herz Du, ich der Kopf, die Sinne,
Du die Seele, ich der Geist.
So Ein Leib zu doppeltem Gewinne,
Eine Welt, die mächtig kreis't.

Träumst Du, Herz, so deut' ich Deine Träume,
Dein Prophet, Dein Dichtermund.
Tags und Nachts, durch alle Weltenräume,
Mach' ich Deine Liebe kund.

III.

Und sie hat nicht 'mal gefragt,
Ob ich Christ bin oder Jude,
Namen hab' ich nicht gesagt,
Ob ich Jakob oder Lude.

Hat mich immer nur geküßt
Und geschaut in meine Augen,
Nichts gewünscht, wenn sie nur wüßt',
Ob die zwei was taugen.

Fragte Gretchen doch den Faust,
Ob er an den Herrgott glaube,
Und wie's ihr im Herzen graust,
Wenn er ihr den Himmel raube.

Schau mir nur in's Angesicht!
Alles steht mir da geschrieben,
Daß kein Gott ist, wenn Du nicht
Ewig treu und fest im Lieben.

IV.

Mein selig Kind ist fromm und gut
Und weiß nichts von der Welt,
Weiß nur, daß Gott im Herzen ruht,
Nicht blos im Himmelszelt.

Da draußen wogt und webt Natur
So wie es ihr gefällt,
Ganz tief geheim ist Gottes Spur:
Gott ist das Herz der Welt.

Am Pulsschlag, wie er klopft und geht,
Erkennst Du, was Dich hält;
Nur wenn das Herze stille steht,
Dann erst zerbricht die Welt.

V.

Du mein Buch, Du meine Fibel,
Einzig Alphabet,
Du mein Koran, meine Bibel,
Und ich Dein Prophet.

Kann ich's fassen, treu behalten,
Wie Dein Athem weht,
Was in Deinen Herzensfalten
Still geschrieben steht?

VI.

(Als sie blaß war und krank schien.)

Heilig ist die Erde,
Heilig ist Dein Herz.
Daß es göttlich werde,
Steigt es himmelwärts?

Laß mich Dich bekleiden
Mit dem Erdenrest,
An den kleinen Freuden
Halt' ich, Herz, Dich fest.

Bleibst Du mir in Gnaden,
Oder fliehst Du mich?
Ach, am seidnen Faden
Halt' ich, Vogel, Dich!

VII.

Durch die Felder schweif' ich hin,
Singe mir ein Liedchen,
Sing' von meiner Königin,
Kühle so mein Müthchen.

Ist das noch dieselbe Welt?
Noch dieselbe Sonne?
Lieb' hat Alles wohlbestellt,
Kennt nur Glück und Wonne.

VIII.

Und wenn mich Nachts das Sternenheer befällt,
Um mein Geheimniß still mir abzulauschen,
Dann fühl' ich, was mich ewig trägt und hält,
Dann hör' ich Gott mit seinem Mantel rauschen.

Gott hat die Welt in dunkle Nacht gehüllt,
Damit sich zeigt, was ewig dauernd bliebe.
Des Tages Wünsche sind im Schlaf gestillt —
Und sieh, auch selbst im Traum bleibt wach die Liebe.

Drum, laß die Welten auf und niedergeh'n,
Laß Wetter dräuen, finster, qualvoll, trübe:
Du wirst in alle Ewigkeit besteh'n,
Denn Gott ist ewig, ewig ist die Liebe.

IX.

„Was nennst Du Deine Liebe schwer und groß
Und machst so kleine, fingerlange Lieder?"

Die Antwort liegt im ganzen Schicksalsloos,
Die Frage klingt im ganzen Weltall wieder.
Auch Gott hat, ist er gleich so groß und himmelweit,
Sein Herz in viele kleine Sterne hingestreut.

Wie Gott in's All die Sterne hat gesä't,
So streu' ich Dir in's Herz die kleinen Lieder.
Birg Du die Saat nur, lausche früh und spät,
Und gieb's an Liebe tausendfältig wieder!

X.

Morgenstern und Abendstern,
Steigst Du mir hernieder,
Nur der Mittag bleibt mir fern
Mit dem Glanzgefieder.

Nicht in blutig Roth getaucht,
Ohne Gluthverlangen,
Hell und rosig angehaucht
Leuchten Deine Wangen.

Perle Du im Morgenthau,
Birg Dich vor dem Wetter
Auf der sonneschweren Au,
Ach, verschließ' die Blätter.

Hüll' in tausend Schleier Dich,
Bis die Sterne winken,
Nachtviolen abendlich
Thau der Liebe trinken.

XI.

Wenn ich weine, wirst Du zittern,
Denn ich weine schwer;
Lange muß es erst gewittern,
Sonst wohl nimmermehr!

Dann mit Millionen Fluthen
Ueberstürz' ich Dich;
Die im Schooß der Berge ruhten,
Lösen jählings sich.

Löschen einmal meine Flammen,
Dann als Sturzbach noch
Werf' ich Deine Welt zusammen
Und umarm' Dich doch!

XII.

(Mit einem Armbande.)

Arm und Finger kann man binden,
Aber wie das Herz? —
Muß sich selbst die Wege finden
Erd- und himmelwärts.

Muß sich selbst in Liebe binden
Täglich wieder neu,
Muß sich selbst Gesetze finden
Unumwunden frei.

Liebe läßt sich nicht begreifen,
Läßt sich „fassen" nicht;
Hätt' ich tausend goldne Reifen,
Bänd' ich, Herz, Dich nicht.

Herzen sind nur treu verbunden,
Wenn sie täglich neu
Sich in Liebe still gefunden:
Lieb' ist ewig frei.

„Warum besingst Du mich nicht mehr?"

Da Du mir am fernen Saum
Meiner Wünsche schwebtest,
Mir, ein ungewisser Traum,
Durch die Seele bebtest,

Bis ich aus der weiten Fern'
Dich heraufgezwungen,
Hab' ich, Du mein Morgenstern,
Deinen Glanz besungen.

Nun Du mir gewonnen bist,
Schweigt mein Herzensbangen;
War mein Lied doch nur die List,
Um Dich einzufangen,

War ein banges Hin und Her,
Sturm- und Nachtgewühle,
Nur ein Nothschuß auf dem Meer
Irrer Angstgefühle.

Nun Du mir, mein holder Stern,
Tief in's Herz gesunken,
Bin ich schweigsam, — o wie gern! —
Denn ich rede trunken.

Zu Weihnachten.

So kommst Du in mein altgewordnes Leben,
    Kommst wieder, Weihnacht, selig Kinderfest,
Willst mir den ersten Traum noch einmal geben,
    Hältst lächelnd noch das Kind im Manne fest!

Wenn's Frühling wird, halt' ich mein Weib im Arm'
    Und feire Auferstehungsfest hienieden.
An ihrem jungen Herzen treu und warm
    Hat mir der Herr ein Frühlingsfest beschieden.

Jetzt geht er um mit stiller Geistesmacht,
    Und horcht und klopft und lauscht nach seinen Lieben.
Er flüstert in der dunkeln Winternacht:
    Ihr alten Kinder, seid Ihr wach geblieben?

Will sich der Lenz an meines Weibes Herzen
    Dem alten Menschen fröhlich jung erneu'n:
O laßt mich auch für herbe Winterschmerzen,
    Laßt mich ein Kind mit meinen Kindern sein!

An meinen Schmetterling.

Flattre Du um meine Schmerzen,
Wie das Licht die Nacht umsäumt.
Trinke Du von meinem Herzen,
Das den Traum des Lebens träumt.

Saug' Dich voll an meinen Blüthen,
Alles Süße gönn' ich Dir.
Und ein Gott mag Dich behüten,
Alles Gift, das laß Du mir!

————

An Sie.

~~~~~~

I.

Wenn ich schlafe, wacht mein Herz;
Wenn ich wache, schläft es trunken;
So in Freude wie in Schmerz
Bin ich ganz in Dich versunken.

Lebend, Liebe, sterb' ich Dir;
Steigst Du auf, so tauch' ich nieder.
Sterb' ich, ach! dann lebst Du mir,
Kommst als Morgenstern mir wieder.

Jeden Tag bist Du mir neu,
Wie zur Nacht, der gottgeweihten,
Und so fügt sich fest und treu
Ring an Ring zu Ewigkeiten.

15*

II.

Ach, flattre um mich überall
Von früh bis spät zur Ruh
Mit morgendlichem Lerchenschall,
Mein süßer Vogel Du!

So wie Du zwitscherst, wie Du lachst,
Hebt sich die Sonne mir
Mit all den Fackeln, die Du fachst,
Und glühend leucht' ich Dir.

Und hängt das Herz mir nächtlich schwer:
Du singst Dein Morgenlied
Und wirbelst fröhlich vor mir her,
Sieh, meine Wolke flieht!

Du morgendlicher Vogel Du,
Halt' aus den schwühlen Tag;
Sonst schließt sich mir der Himmel zu
Mit Wolkenwetterdach.

Und wenn ich endlich müde bin,
Alsdann sein still und sacht
Setz' Du Dich mir zu Häupten hin
Und ruf' mir: Gute Nacht!

Nach dem Tode eines Kindes.

I.

Der dunkle Wald, er rauschte so wild,
So bang und dumpf war die Nacht.
Nun leuchtet die Welt so wonnemild,
Der junge Morgen lacht.

Rings kehrt der Gottesfriede zurück:
Was ist uns denn gescheh'n? —
In meines Weibes leuchtendem Blick
Blieb der Thau der Thränen steh'n.

Welch Nachtgespenst hat uns berückt?
Die Winde kommen und geh'n! —
Uns hat der Sturm eine Blume geknickt,
Die will nicht wieder ersteh'n!

II.

Die Lerche jubelt, die Nachtigall schweigt,
Die Freude verdrängt den Schmerz;
Doch wenn der Abend sich wieder neigt,
Dann blutet auch wieder das Herz.

Für jeden Thau, bei Nacht geweint,
Steht droben ein leuchtender Stern.
Ja, wären nur Erd' und Himmel vereint!
Der Stern steht gar so fern!

III.

Wenn ein Herz im Wintersturm
Uns zu Grabe geht,
Wenn die abgelauf'ne Uhr
Endlich stille steht,

Wenn die Aehre voll und reif
Ihrem Schnitter fällt,
Und vom Wandeln lebensmüd'
Pilger Rasttag hält:

O dann meines Gottes voll
Preis' ich seine Welt,
Die so reich an Schmerz und Lust,
Die so wohl bestellt.

Aber wenn Du Knospen brichst,
Dunkle Schicksalshand,
Mit des Lebens Blüthen spielst
Wie zum eitlen Tand,

Wenn Du mit dem eh'rnen Tritt
Schon den Keim zerwühlst,
Schelt' ich blinde Willkür Dich,
Wie Du Dich auch fühlst.

Erebus, Du dunkler Schlund,
Nimm, was Dir gebührt;
Gieb zurück das junge Herz,
Das Du uns entführt!

Nimm mit räuberischer Hand,
Wo der Speicher voll,
Nicht den Halm auf grüner Flur,
Der erst reifen soll!

Dunkler Tod, Dein Lockenhaupt
Schüttelst Du so wild? —
Still! Vom Sternenhimmel blinkt
Süß ein Engelsbild.

Zur Genesung.

(Als sie zum ersten Mal wieder Musik machte.)

~~~~~~~~

Wie tief verhüllt, starr eingeenget
Lag still mein Herz in Winterschlaf!
Es hat die Decke fortgesprenget,
Wie Deine Hand die Saiten traf.

So scheucht die nächtlich finstre Eule
Der erste Sonnenstrahl zurück;
So zitterte die Memnonssäule
Vor Phöbus' morgendlichem Blick.

So rührt vielleicht ein schöner Engel
Dereinst die Todesschläfer auf,
Und deutet mit dem Lilienstängel
Die Bahn zu neuem Lebenslauf.

Accorde rauschen süß zusammen,
Und jeder Ton von Deiner Hand
Giebt meinem Herzen wieder Flammen,
Dem Aug' ein neues Wunderland.

Ist mir Dein junges schönes Leben
Von neuem doch von Gott vertraut,
Und mich erfaßt ein süßes Beben,
Als wär'st Du nochmals meine Braut.

Mit dem Bild der Madonna.

O liebste Ruß, Du machst mir vieles Weh,
Ja wohl, Du bist Frau Venus mir geworden,
Du nymphenhafte, leichtbeschwingte Fee
Mit Deiner Liebe heitern Lustaccorden.

Die dunkle Donna geb' ich Dir zurück
Mit ihrer Andacht feierlichen Gluthen;
Dann mischen, wie zu süßem Harm und Glück,
In Ernst und Scherz sich uns'res Lebens Fluthen.

Dann zittert nicht das bange Erdenherz,
Es weint und lacht und hat im Kampf doch Frieden,
Dann steigen Engel auf- und niederwärts,
Den Himmel birgt die Erde schon hienieden.

Frau Venus lacht mit hellem Lerchenschlag,
Madonna weint in dunkeln Dämmerungen;
Doch einst am Weltenauferstehungstag,
Da halten Beide sich versöhnt umschlungen.

An meinen lieben Kameraden.

Kam'rad meiner Seele,
Lieblich jugendlich,
Wie ich Dich auch quäle:
Lieb' Du ewig mich!

Ob sich Wolken thürmen,
Ob ich barsch und kraus:
Unter Blitz und Stürmen
Halt getreulich aus!

Laß der Welt Gebrause
Rasch vorüber zieh'n,
In der stillen Klause
Deine Blumen blüh'n.

Singe wie Du sangest,
Scherze spät und früh,
Wie Du mich errangest
Ohne Liebesmüh'.

Hab' ich Dich gefangen,
Süßer Vogel mein?
Oder willst umfangen
Wie die Perle sein?

Ist zu eng das Bauer,
Das Dich schützen will?
Wird die Schaale rauher?
Liebchen, halte still!

Bauer ist nicht golden,
Muschel ist nicht fein;
Und doch soll's der Holden
Trauter Schauplatz sein!

Will die Thräne rinnen,
Vogel, singst Du nicht?
Bleib als Perle drinnen
Bis die Muschel bricht!

Wie ich Dich lieb'.

Ich sollt' es nicht bei Tag, bei Nacht nicht sagen,
Der Sonne nicht und nicht den Sternen klagen,
>> Mein süßes Lieb,
Und faßt' ich auch das Firmament zusammen,
Ich spräch's nicht aus mit allen seinen Flammen:
>> Wie ich Dich lieb'.
Die Lerche jubelt's nicht in Morgenlüften,
Die Ros' erreicht es nicht mit ihren Düften,
>> Mein süßes Lieb,
Kein Veilchen kann's verstohlen heimlich sagen,
Die Nachtigall es nicht zu Ende klagen:
>> Wie ich Dich lieb'!
Kein Meer kann es in seiner Tief' ermessen,
Kein Sturmwind es dem Schooß der Welt erpressen,
>> Mein süßes Lieb,
Und faßt' ich es in hunderttausend Reime,
Und rief' ich's laut durch alle Himmelsräume:
>> Wie ich Dich lieb',

Kein Himmel würd's mit seiner Macht umfassen,
Die Sonne müßt' vor meiner Gluth erblassen,
     Mein süßes Lieb.
Denn mehr als Stern und Blum' und Vogelsang,
Mehr als des Himmels weiter Sphärenklang,
     Mein süßes Lieb,
Schließt in sich ein das kleine Menschenherz
Mit seinem heißen Drang in Lust und Schmerz:
     Wie ich Dich lieb'!

Küssen oder Trinken.

(Nach Anakreon.)

~~~~~~~~~

Schmetterling, sag, küssest Du,
Oder trinkst du von der Blume?
„Alles Eins! Laßt mich in Ruh,
Stört mich nicht im Heiligthume!"

Baum, wenn dich der Regen näßt,
Möcht' er küssen deine Glieder.
Wahrlich, Baum, dich küßt der West,
Schlägt er um dich sein Gefieder.

Mond, du trinkest Meeresfluth,
Saugst sie auf aus durst'ger Ferne,
Nährst dich von der Sonne Gluth;
Trinken Thau doch selbst die Sterne!

Weiß ich es doch selber kaum,
Ich, der altbewährte Zecher!
Nippen wollt' ich nur am Saum:
Trink' ihn aus, den vollen Becher.

Küßt und trinkt die Welt umher,
Baum und Biene, Mond und Sonne,
Stört mich nicht mit Fragen mehr:
Küss' ich, trink' ich meine Wonne?

Reich' die Lippen, holdes Weib,
Und daß ich Dir's nicht verhehle:
Küss' ich Deinen süßen Leib,
Trink' ich Deine ganze Seele!

Der letzte Kuss.

Leg' ich den Bann Dir auf Dein ganzes Leben,
Mit letztem Kuß versiegelnd Deinen Mund?
Ich frage, — will als Geist Dich einst umschweben,
Der Wächter sein für unsern Liebesbund.

Doch hebt sich neu in Dir des Blutes Welle,
Dann steig' ich gern in's dunkle Schattenreich,
Wo nie des Lebens buntbewegte Helle,
Kein Ton hindringt, wo Alles stumm und bleich

Dann ist es nur ein schöner Traum gewesen,
Daß sich in uns die Seelen auserwählt,
Dann war es nur der Sinne täuschend Wesen,
Was sich zum kurzen Liebesbund vermählt.

16

Ob Geist, ob Leib! Der Geist will ewig leben;
    Der Leib, er wandelt Formen und Gestalt.
Unsterblich ist was Geisterhände weben,
    Was Körper schaffen, wechselt den Gehalt.

Drum, drück' ich einst im letzten Kuß ein Siegel
    Auf Deinen dann noch immer ros'gen Mund:
Bleib' haften nicht an meinem Todtenhügel;
    Das Leben ist so schön, so reich, so bunt!

Doch muß ich Nachts im Traume Dir erscheinen,
    Ein blasser Schatten aus dem fernen Land:
Mißkenne nicht mein Lächeln, nicht mein Weinen,
    Ich leg' nur auf Dein Herz nochmals die Hand.

Ich frag' Dich nur, ob was Dich einst bethörte,
    Als Du im süßen Rausch Dich mir geweiht,
Ob es dem Geist, den Sinnen angehörte,
    Ob es ein Bund auf Zeit, auf Ewigkeit.

Nicht wie ein Schreckbild will ich Dich umschweben,
    Dein Herz sei frei, es richte selbst sich nur;
Ich will nur leis' und still die Frag' erheben:
    Was herrscht im All, ob Gott, ob nur Natur?

Ganz und für ewig.

Nie wieder lieben, — was man lieben nennt:
    Eins sein an Seel' und Leib,
Nur Eine Flamme, die gen Himmel brennt,
    Ein Wesen Mann und Weib!

Willst Du es schwören? — Schwöre nicht zu balde;
    Oft kommt der Tod so früh!
Die Vögel frei'n und lieben in dem Walde
    In freier Harmonie!

Doch wo der Geist im Kampf den Geist gefunden,
    Glückselig im Verein:
Kann da ein Herz zum zweiten Mal gebunden
    Mit Leib und Leben sein?

16*

Ich frage Dich, den Schöpfer aller Welten,
    Der Du Gesetze giebst,
Die, weil Natur sie fordert, ewig gelten,
    Und Lohn wie Rache übst.

Ich raubte mir die reine Kinderseele
    Und schuf sie neu für mich;
War's ein Prometheusraub, und was ich fehle,
    Rächt es am Felsen sich?

Nehmt hin, Ihr Götter, alle Eure Gaben,
    Nehmt hin was jemals mein;
Todt will ich gern, für alle Welt begraben,
    Nur hier unsterblich sein!

An diesem Baum, den ich in Sturm und Wetter
    Gehütet spät und früh,
Laßt mir das stille Säuseln seiner Blätter
    In süßer Melodie.

Ich hegte seine heilig reinen Blüthen,
    Den frischen Erstlingstrieb,
Schützte die Frucht vor allen Sturmes Wüthen
    Mir selbst und ihr zu Lieb.

Verweht die Asche mir in alle Winde,
    Versink' ich still in Staub:
Wenn ich dies Eine Herz nur wiederfinde
    Nicht eines Zweiten Raub!

Und bin ich einst für alle Welt verloren,
    Vergessen all was mein:
Laßt in der Einen, die ich mir erkoren,
    Mich still unsterblich sein!

Ries'sche Buchdruckerei (Carl B. Lorck) in Leipzig.

www.ingramcontent.com/pod-product-compliance
Lightning Source LLC
Chambersburg PA
CBHW020856270326
41928CB00006B/731